アリストテレス『ニコマコス倫理学』を読む

——幸福とは何か

菅 豊彦
Kan Toyohiko

Aristotelēs
Ēthica Nicomachēa

keiso shobo

まえがき

本書はアリストテレス（前三八四〜前三二二）の『ニコマコス倫理学』への案内書である。『ニコマコス倫理学』は西欧倫理思想に最も大きな影響を与えてきた古典の一つであり、この半世紀、その評価は高まっている。しかし、この著作はアリストテレスが教室で行った講義録であり、プラトン（前四二七〜前三四七）の『ソクラテスの弁明』や『クリトン』のように分かりやすく、誰にでも直接訴える力をもつ書物ではない。『ニコマコス倫理学』は全一〇巻からなるが、本書では第一巻から第一〇巻まで、テキストの文章をできるだけ具体的に引きながら、全体の思想を紹介することにしたい。

「人生、いかに生きることが最善の生か」。アリストテレスはこのように尋ね、この「最善の生」を、古代ギリシアの伝統に従い、「エウダイモニア（幸福）」という言葉で捉えている。それゆえ、『ニコマコス倫理学』の主題は「幸福（エウダイモニア）とは何か」を明らかにすることであると言える。本書は序章と本論六章からなるが、以下各章の要旨を示して、本書の内容を紹介していこう。

序章「アリストテレスと先行思想」では、『ニコマコス倫理学』を理解するための思想史的背景、とくにソクラテス（前四七〇／六九〜前三九九）の思想とアリストテレスの関係を取り上げる。またアリストテレス哲学の基本的概念、とりわけ徳倫理学を形成する概念をプラトンのイデア論と対比しつつ紹介する。

第一章「幸福（エウダイモニア）とは何か」では、第一巻の内容を紹介するが、第一巻は『ニコマコス倫理学』全体の序論である。

アリストテレスは、第一巻第七章で人間の「エルゴン（機能）」の考察を通して、「幸福とは徳に基づく魂の理性（ロゴス）的活動である」という基本的見解を提示する。この「幸福」の把握は『ニコマコス倫理学』全体を貫く思想であり、第一巻から最終巻第一〇巻まで、アリストテレスは「魂の卓越性」としての「徳」の概念の解明を通して「幸福とは何か」を明らかにし、人びとに「幸福に至る道」を示している。その「徳」は次のような構造を有している。

①アリストテレスはプラトンとは異なり、「実践（プラクシス）」と「観想（テオリア）」とをはっきり区別する。したがって、「徳」は「実践活動の徳」と「観想活動の徳」に分けられ、第二巻から第九巻までは主として「実践活動の徳」が考察され、第一〇巻においては「観想活動の徳」が論じられている。

②また、「徳」は「勇気」、「節制」、「正義」といった「性格の徳（エーティケー・アレテー）」と、「学問的知識」、「技術」、「知恵」、「知性」、「思慮」といった「思考の徳（ディアノエーティケー・アレテー）」に分けられ、第二巻から第五巻においては「性格の徳」が考察の対象となり、第六巻では「思考の徳」が論じられている。

第二章「人はどのようにして徳ある人へと成長するか」では、第二巻の前半の議論を中心に取り上げる。ソクラテスは「勇気」、「節制」、「正義」といった「徳」について、「勇気とは何か」、「節制とは何か」と尋ね、その普遍的な定義を求めているが、アリストテレスは「徳」の普遍的な定義を求めるのではなく、「人はどのようにして徳を習得していくか」を問題にする。

ソクラテスの理性主義に対するこのアリストテレスの態度は、近世のカント（一七二四～一八〇四）や功利主義の見解と比べるとき、その特徴がよりはっきりしてくる。カントと功利主義は、その方法はそれぞれ異なるが、ともに「善」や「正義」といった「倫理的価値」の基礎づけを目指している。カントは「定言的命法」というかたちで、「超越論的な理性」を通して「最高善」を基礎づけており、他方、功利主義は「最大多数の最大幸福」といった「功利性の原理」を通して「倫理的価値」を正当化している。

しかし、アリストテレスはそのような仕方で徳（倫理的価値）を基礎づけてはおらず、むしろ「われわれはどのようにして子供を徳ある人へと育て上げるか」により大きな関心を払っている。第二巻の第一章、第二章、そして第一〇巻第九章において、子供のしつけや教育をくわしく論じているが、アリストテレスの方法を鳥瞰的、図式的に表現すれば次のようになる。

①未教化の状態における人間（自然的人間）
②自己の本性を実現することによって可能となる人間（徳ある人）
③子供を①から②へと導く方法としての徳の教養（徳倫理学）

近世のカント倫理学や功利主義の中心には、②の「自己の本性を実現することによって可能となる人間」の概念、つまり「徳ある人」、「思慮ある人」の概念は登場してこない。

それに対して、その内容はそれぞれ異なるが、「徳」は古代中国の古典である『論語』における中心概念であり、『新約聖書』においても重要な概念であって、古代世界においては、「人はいかに生きるべきか」という問題は魂の卓越性としての「徳」の概念を通して捉えられていた。アリストテレスにとって「正しい行為」とは徳ある人、思慮ある人が具体的な状況に直面したとき、その状況を判定し、行う行為である。「行為の正しさ」の基準は徳ある人にあると言える。

他方、西欧近世・現代の倫理学においては「人間」に適用される「徳」の概念が徐々に倫理学の中心から外されていき、考察の主題は「正しい（徳ある）人」から「正しい行為」へと移ってきている。近世のカントにとって「正しい行為」の規定に「徳ある人」が介在する余地はない。「正しい行為」は「正しい行為の原則」から、つまり「定言的命法」から導出できるとカントは考える。

アリストテレスは第二巻第六章において、「性格の徳」の定義を提示している。この徳の定義はよく知られた「中庸」説のかたちを取り、一応「徳とは過剰と不足の中庸（メソン）である」と表現される。しかし、アリストテレスは「中庸」を正確には「思慮ある人が道理（ロゴス）を通して定めるもの」と規定しており、したがって、「性格の徳」の考察は第二巻では完結せず、第六巻で論じられる「思考の徳」である、「思慮ある人」が示す「思慮」の概念を通して規定されることになる。この「性格の徳」と「思慮」との関係が第三章の主題である。

第三章「性格の徳と思慮との関係」では、「実践活動の徳」を扱う第一巻から第六巻に至る広範囲の議論を取り上げている。

アリストテレスの「思案（ブウレウシス）」は人間の振る舞いとそれが目指す目的とを関係づける働きであり、この「思案」の営みは二つに分けられる。一つは病気を治したり、家を建てたりする技術知を行使する場合であり、もう一つは「ここで何をするのが最も善いか」といった倫理的行為を行使する場合である。この行為選択に向けての思案の行使を実践的推論と呼ぶとすれば、実践的推論は医術や大工術といった技術知にかかわる行為の推論と倫理的行為にかかわる推論の二つに分けられる。なお、アリストテレスは倫理的行為にかかわる「思案」を技術知の場合と区別して、「思慮（プロネーシス）」と呼んでいる。

この「思慮」の働きをどう捉えるかは『ニコマコス倫理学』全体の解釈を左右するきわめて大きな問題である。それゆえ、第三章「性格の徳と思慮との関係」とそれに続く第四章「徳とアクラシア」の議論において、『ニコマコス倫理学』に対する本書の立場を示すことにしたい。

現在、「思慮」ならびに「実践的推論」について大きく異なる二つの解釈が存在する。

①二〇世紀の半ば以降、多くの研究者はこの「思慮」がかかわる実践的推論を「普遍的な規範」を「個別的な事例」に適用して具体的な行為を導くものと解釈してきた。これを「規範—事例」型の推論解釈と呼ぶとすれば、この解釈において、「思慮」は具体的な状況から独立に大前提の「普遍的な規範命題」を把握する能力として捉えられている。先に、近世のカントにとって、「正しい行為」は「正しい行為の原則（定言的命法）」から導出されると述べたが、この「規範—事例」型の推論解釈はカントの普遍主義に近い見解であると言える。

②「思慮」についてのもう一つの解釈は、「思慮」は「思慮ある人」が具体的な状況に直面して、その状況を捉える知覚的把握（小前提把握）を通して示されるという見解である。その際、先に述べたように、「思慮ある人」、「徳ある人」の判断が「正しさ」の基準である。またこの見解は第二章で示したように、われわれが、伝統的に受け継がれてきた文化のなかで「性格の徳」や「思慮」の概念を習得していくことを強調す

る「内在主義」と結びついている。

アリストテレスは「幸福」、「徳」、「思慮」の概念を「善のイデア」や「超越論的な規範」に訴えるのではなく、ギリシアの伝統的思想のなかで人びとが抱いている定評ある見解を吟味することを通して追求している。したがって、私は近世のカントの「普遍主義」と結びつく「規範—事例」型の推論解釈が「思慮」の正しい解釈であるとは考えない。そこで、この第三章では、「思慮の機能が普遍的な規範命題を把握することにある」とする解釈は第六巻第五章以下のテキストと合致していないことを、いくつかの視点から明らかにしたい。

以上の点を指摘した上で、内在主義的な視点からアリストテレスの「思慮」と「性格の徳」の関係がどのようなものか、その解明をこころみる。

第四章「徳とアクラシア」では、第七巻の議論を取り上げるが、この第四章は内容的には第三章で示した議論を再確認し、それを展開するものである。

ソクラテスによれば、「徳」とは知識であり、「知識」とは他の諸能力をコントロールして、自己を善き行為に導いていく最高・最強の力である。他方、ギリシア語の「アクラシア」は「力のないこと」、「力をもって自己自身をコントロールできない無抑制の状態」を意味する。それゆえ、ソクラテスは「善と知って行わず、悪と知りつつ行うことはありえない」と主張し、知をもつかぎり「アクラシア」といった事態は生じないと主張する。しかし、このソクラテスの見解はパラドクスであり、常識と明らかに矛盾する。われわれは、日ごろ知識を持ちながら、欲望に支配されて為すべきでないことを行ってしまうことが多いからである。この「アクラシア現象」をどのように説明するか、これが第七巻の主題の一つである。

第七巻ではそれとともに、「ソクラテスのパラドクス」を解くことを通して、アリストテレスは第一巻から第六巻において解明してきた「徳」と「幸福」との関係を別の視点から明らかにしている。第六巻まで、アリストテレスは「人は徳を習得することによって幸福に至りうる」という道徳的発達論を展開していると言える。われわれ人間はすべて「徳に向けての途上」にあるが、「アクラシア」の議論が目指しているのは、「徳に向けての途上にある」とは具体的にはどのような状態かを明らかにすることである。それゆえ、「アクラシア（無抑制）の状態」、「抑制ある状態」、そして「徳ある状態」、この三者がそれぞれどのように異なり、どのような関係にあるかをアリストテレスは解明し、「幸福に至る具体的な道程」を示そうとしているのである。

第五章「友愛について」では、第八巻、第九巻の「フィリア」の考察を取り上げている。「フィリア」は普通「友愛」と訳されるが、日本語の「友愛」や英語の‘friendship’よりも広い関係であり、そこには、親と子、主人と奴隷、客と店員、支配者と国民といった関係が含まれ、それを通して「社会的な人間関係」が追求されている。『ニコマコス倫理学』の第七巻まで、アリストテレスは自己の「幸福」を実現する「勇気」、「節制」、「高邁」といった「徳」を考察してきたが、第八巻、第九巻の「フィリア（友愛）」の考察は個人の能力としての「性格の徳」から「社会的な人間関係」へ、すなわち『政治学』の主題へ向けて一歩踏み出していると言える。

「友愛」は、「有用なもの」を求める友愛関係、「快いもの」を求める友愛関係、そして相互に「善きもの」を与えようとする友愛関係、つまり「利」、「快」、「善」に対応する三つの友愛関係に分けられる。なかで最も重要なのは相互に「善きもの」を与える「真の友愛関係」である。また、この「真の友愛関係」についてのアリストテレスの考察は『ニコマコス倫理学』の性格を理解する上で重要である。というのは、第六巻までの「節制」、「勇気」といった「性格の徳」、すなわち、個人の魂の卓越性を主張するアリストテレスの議論に対して、人びとはしばしば「利己主義（エゴイズム）」という名称を与えてきたからである。

たしかに、アリストテレスの徳倫理学をイエス・キリスト（前四頃～三〇頃）の教え、あるいはカントの定言的命法と比較するとき、われわれはそのような印象を受ける。しかも、相手に「善きもの」を与えようとする「真の友愛関係」を論じるにあたって、アリストテレスは「友愛は自己愛に由来する」と主張し、「友愛」を「自己愛」の延長において捉えようとしているのである。そこで、私は「友愛は自己愛に由来する」という議論における「自己愛」の概念を取り上げ、アリストテレスが「自己愛」を徳倫理学のなかでどのように深めていっているかを明らかにしたい。それとともに、第九巻第九章で、アリストテレスが「真の友愛」を実践活動だけではなく、観想活動における幸福の条件と考えていることを示すことにしたい。

第六章「観想と実践」では、最終巻第一〇巻の議論を取り上げる。すでに紹介したように、アリストテレスは「観想活動」と「実践活動」とを分け、「観想活動の徳」と「実践活動の徳」を区別しているが、第一〇巻において「最もすぐれた活動とは知性（ヌース）に基づく観想活動である」と主張し、この「観想活動の幸福」を「完全な幸福（teleia eudaimonia）」と呼ぶ一方、「実践活動の幸福」を「第二義的な幸福（eudaimonia deuterōs）」と呼んで、両者の価値の違いをはっきりしたかたちで示している。そこで、多くの研究者は第一巻から第九巻までの「実践活動の徳」に基づく「幸福」の把握と第一〇巻の「観想活動の徳」に基づく「幸福」の把握は対立・緊張関係にあると捉える傾向にある。

しかし、第一巻の議論と第一〇巻の議論との間には明確な対応関係があり、アリストテレスはそこで、「実践活動」と「観想活動」の関係をはっきり意識して書いていると言える。また、この「実践活動」と「観想活動」とを結びつけるのが、第六巻の広義の「ヌース（知性）」の概念であり、この広義の「ヌース」から実践にかかわる「思慮（プロネーシス）」と観想にかかわる狭義の「知性（ヌース）」に分けられていく。

第一巻で、アリストテレスが「人間のエルゴン」を他の動物や植物から区別する場合の基準は「ロゴス（理性）」であるが、この「ロゴス」は先の「広義のヌース」とほぼ同義であり、それによって、「人間の生」は「動物や植物の生」から区別される。他方、第一〇巻における「完全な幸福」としての「観想活動」のモデルは「神々の生」である。このアリストテレスの神々はオリンポスの神々やユダヤ人の神ヤーヴェと異なり、情念や欲求をもつ存在ではなく、その生は純粋な「ヌース（知性）」に基づく生である。このように、「人間の生」は「動物の生」と「神々の生」の中間にあると言える。

人間は他の動物と同様、身体を持ち、情念や欲求をもつ存在であるが、「理性（ロゴス）」をもち、「思慮（プロネーシス）」を行使して倫理的実践活動を行う存在である。他方また、人間は「神々の生」がかかわる観想活動に与ることのできる存在者であり、その意味で、実践倫理を超える存在者である。

繰り返せば、神々の生である観想活動は最もすぐれた生であり、観想活動の幸福は「完全な幸福」である。他方、倫理的実践活動に基づく幸福は「第二義的な幸福」である。しかし、観想活動と実践活動は「目的―手段」の関係にあるわけではなく、「実践活動の幸福」は「観想活動の幸福」からは独立の原理に基づいている。

また、観想活動は最もすぐれた生であるが、しかしこの事実は「われわれがいかに生きるべきか」を規定するとアリストテレスは必ずしも考えてはいない。アリストテレスは、彼の講義の聴講生が「実践活動に終始するか、それを超える観想活動に従事するか」、そのいずれを取るかはそれぞれの決断に委ねているように思われる。

わが国には五つの『ニコマコス倫理学』の翻訳書がある。私がアリストテレスを知ったのは高田三郎訳の『ニコマコス倫理学』（河出書房、岩波文庫（上・下））によってであった。一九七三年に加藤信朗訳（『アリストテレス全集13』岩波書店）が出ると、この加藤訳と高田訳を通して『ニコマコス倫理学』を読んできた。いま、親しんでいるのは二〇〇二年に出た朴一功訳（京都大学学術出版会）である。この一〇年以上、私はテキストと朴訳を通して

『ニコマコス倫理学』を読んできている。また、私は神崎繁氏が書かれた論考を読みアリストテレスについて学んできたが、二〇一四年、神崎訳（『新版アリストテレス全集15』岩波書店）が刊行され、氏の『ニコマコス倫理学』の注釈と解説から多くのことを教えられた。朴一功氏と神崎繁氏に深く感謝の意を表したい。なお、本書の刊行直前に、渡辺邦夫・立花幸司訳（光文社古典新訳文庫（上・下））が刊行されている。

勁草書房の土井美智子氏には「『ニコマコス倫理学』についての案内書を書きたい」という門外漢の希望を受け入れていただき、本書の構成や叙述のスタイルについて何度も助言をいただいた。また、草稿を丁寧に読み、議論の不透明な箇所、不徹底なところを逐一指摘してくださった。それを受け改善に努めたが残された問題は多い。土井氏のご尽力に対して心からお礼を申し上げたい。

アリストテレス『ニコマコス倫理学』を読む　幸福とは何か

目次

凡　例

一　本書におけるアリストテレス『ニコマコス倫理学』からの引用は拙訳による。底本として、Oxford Classical Texts に収められているバイウォーターの校訂本 *Aristotelis Ethica Nicomachea*, recognovit breviqne adnotatione critica instruxit I. Bywater, Oxford, 1894 を使用した。

二　翻訳に当たっては、アリストテレス『ニコマコス倫理学』朴一功訳（京都大学学術出版会、二〇〇二年）とアリストテレス『ニコマコス倫理学』神崎繁訳（『アリストテレス全集15』岩波書店、二〇一四年）を参考にした。

三　ベッカー版アリストテレス原典では、各頁左右二段組で、aは左欄、bは右欄を示すことになっている。各引用文の最後に記した、たとえば（第七巻第一章、1145b2～6）において、1145b2～6は「ベッカー版原典、一一四五頁の右欄の二行目から六行目まで」を意味する。また、参照に便利なように「第七巻第一章」と巻章の表記をつけ加えた。

四　プラトンのテキストからの引用はステファヌス版全集（一五七八年）の当該頁と各頁内のＡＢＣＤＥの段落づけ記号を示し、各訳文については訳者名と出版社を記した。

序　章　アリストテレスと先行思想――ノモスとピュシス

この序章では、アリストテレスの『ニコマコス倫理学』を理解するための思想史的背景、ならびにアリストテレス哲学の基本的概念を紹介する(1)。

第1節では、ソクラテスがどのような歴史状況において登場してきたのか、その時代思想を述べ、第2節では、ソクラテスの「徳」の概念を整理し、それに対するアリストテレスの見解を紹介する。そして、第3節では、プラトンの「イデア論」と対比しながらアリストテレスの存在論の特徴を明らかにし、本書第一章以降で『ニコマコス倫理学』を紹介していくための前提となる考え方を取り出しておきたい。

1 「ノモス（法、慣習、規範）」と「ピュシス（自然本来にあるもの）」

(1) ソロンの改革とその後のアテナイの変遷

ソロン（前六四〇頃～前五六〇頃）は前五九四年、従来の制度を改め、新しい法を制定することによってアテナイの民主政治の基礎を築いた。当時のアテナイは貨幣経済の進展とともに中小農民である平民（市民）は経済力をつけ、重装歩兵となって、ポリスの防衛にあたるようになっていた。ところが、兜などの武具や遠征費用は自弁だったため、長期の従軍などによって借金がかさんで奴隷身分に転落する平民が増加してくる。その結果、従来から生じていた貴族と平民の間の対立がますますはげしくなり、大きな社会的不安を孕むようになる。

そこで、執政官となったソロンは、人びとが今まで負っていた負債を帳消しとし、また自分の身体を抵当にして借財することを禁じる法律を制定するが、このような法の制定を通して、ソロンはアテナイを「よき秩序（エウノミア）」へ戻そうとする。今日残されているソロンの言葉によれば、ソロンは正義（ディケー）の女神の支配を信じ、その支配の下で、ノモス（法、慣習）とピュシス（自然本来にあるもの）の一体化を確信し、アテナイにおいて正義と幸福が実現することを目指していたと言える。

ソロンの改革後、およそ一世紀半、ペルシア戦争、ペリクレス（前四九〇頃〜前四二九）の時代を経て、アテナイは民主制のもとで、デロス同盟の中心として国力を発展させ、地中海世界における強大なポリスに成長していく。

他方、他の国々との交流や貿易とともに海外の知識の普及に伴い、かつてソロンの時代に絶対視していた法やしきたりが、時と所によって異なる相対的なものではないかという考えが徐々に人びとのあいだに広がっていく。そこで、「ピュシス」に対して「ノモス」を対置して、「ノモス」を「人間がなす取り決め、約束事」として見る風潮が生じてくる。そのような傾向が強まっていった原因はいろいろ考えられるが、なかでも、前四三一年に勃発し、三〇年近くの長きにわたって続いた地中海の「世界大戦」とも言うべきペロポネソス戦争を挙げることができよう。

この戦争は民主制国家アテナイと反民主制国家スパルタとのあいだの戦いであり、それぞれ国内の党派間の闘争がからみ合って複雑な形態をとることになる。この戦争について不朽の『戦史』を著したトゥキュディデス（前四六〇頃〜前四〇〇頃）は「人間の性質が変わらないかぎり、この時生じた苛酷な出来事は未来の歴史にも繰り返されるだろう」と記している（第三巻八二節）。前四七〇／六九年生まれのソクラテスの後半生（三八／三七歳〜

六五歳）とペリクレスの死後二年目の前四二七年に生まれたプラトンの青少年期（二三歳まで）はこのペロポネソス戦争と重なっており、彼らの思想をその時代状況から切り離すことはできない。

ここで、ソクラテスならびにプラトンの思想との関係で注目したいのは、前四一六年に起こったきわめて苛酷で悲惨なメロス島事件である。アテナイ軍は三八隻の軍船と約一万の兵を送り、キュクラテス諸島の西方に位置する独立国メロス島に降服を要求する。メロスの島民はわずか五〇〇人であった。トゥキュディデスはアテナイ側の使節団とメロス島の代表とのやり取りを、直接話法を使って伝えているが、われわれはアテナイ側の使節の発言を通して当時のアテナイの人びとの「ものの見方」を窺うことができる。

メロス島の代表は、自分たちを敵ではなく味方と見做し、平和と中立を維持するという条件を受け入れて貰えないかと懇願する。しかし、アテナイ側使節はこの願いを直ちに退け、「諸君から憎悪を買っても、われらはさしたる痛痒を感じないが」、逆に好意を示すことが「われらの弱体を意味すると（他の）属領諸国に思われてはそれこそ迷惑、憎悪されてこそ強力な支配者としての示しがつく」と切り返す（第五巻九五節）。

このようなやり取りが繰り返された後で、メロス島の代表は、自分たちは兵力において格段に弱小であり、戦いは至難のわざであるが、しかし、自分たちの主張は「正義」に反するものではなく、神の加護に希望を託すと答える。それに対して、アテナイ側の代表は、神の加護ならば、それは自分たちにも与えられているとして、次のように語っている。

なぜなら、……われらは「神も人間も、強きが弱きを従えるものだ」と考えている。この法則はわれらが人に強いるために作ったものではなく、……すでに世に偏在する法則を継承し、未来末世への遺産たるべく己の用に供しているにすぎぬ。なぜなら諸君とても、また他の如何なる者とても、われらが如き権勢の座につけば必ずや同じ轍を踏むであろう。さればこれが真実ゆえ、われらにも神明のはからいに欠くるところがあろうなどと、思い恐れるいわれは見当たらぬ。(『戦史』中、第五巻一〇五節、久保正彰訳、岩波文庫)

アテナイの使節は、このように、「強き者が弱き者を支配する」ことがこの世界の自然法則であり、もしメロス島の住民が自分たちと同じ立場であれば、必ず同様の振る舞いをするであろうと述べる。当時の厳しい国際関係の中において、この使節の発言は多くのアテナイの人びとの支持を勝ち得たものと思われる。結局、両者は戦いに突入し、アテナイ側は生き残ったメロス島の成人男子全員を死刑に処し、婦女子子供らを奴隷にしたとトゥキュディデスは記している。

(2)「ノモス」と「ピュシス」の分離――カリクレスの思想

このメロス島事件のほぼ三〇年後に，プラトンは対話篇『ゴルギアス』を書いている。この対話篇には高名なソフィストであるゴルギアス（前四八五頃～前三八〇頃）の名前が付けられ，ゴルギアス自身も登場するが，真の主人公は新鋭の政治家カリクレスである。カリクレスが実在の人物かどうかは明確ではないが，その言動はプラトンによって鮮やかに描かれている。このカリクレスの主張は一九世紀のニーチェ（一八四四～一九〇〇）に強い感銘を与え，『善悪の彼岸』，『道徳の系譜学』等に表明された「奴隷道徳」から「君主道徳」への「価値の転倒」の原型となっている(2)。

重要なのは，このカリクレスの思想はプラトンが頭の中だけで創作したものではないという点である。トゥキュディデスが報告している，アテナイの使節が示したような見解はすでに人びとのあいだに広まっていたのであり，プラトンはその思想を，カリクレスを通してよりラディカルに生き生きと提示しているのである。カリクレスは「法律習慣の上の正義」と「自然の正義」とをはっきり区別し，かつてソロンが一体化していた「ノモス」と「ピュシス」を完全に切り離す。私の理解では，ソクラテス，プラトン，そしてアリストテレスの倫理思想の核心はこのカリクレスが分離した「ノモス」と「ピュシス」をどのようにして統合していくかということにあった。すなわち、われわれ人間の生にとって、「ピュシス」とは何であり、また「ノモス」とは一体何であるかという問題である。

ここで、対話篇『ゴルギアス』から、カリクレスの主張の核心部分を掲げておこう。一読して明らかなように、カリクレスは自己の思想を、対話者ソクラテスを圧倒せんばかりの力強さで展開している。自己に対立する思想をこのように雄弁に語らせるプラトンの力量は瞠目に値する。

そもそも法の制定者というのは、思うに、世の大多数を占めるそういう力の弱い人間どもなのだ。だから、彼らが法を制定して、これは賞讃すべきこと、これは非難すべきことなどときめて、誉めたり咎めたりするのは、要するに、自分たちの身の上を心配し、自分たちの利益をはかろうという目的からにほかならない。つまり、彼らは、人間たちのなかでも力のすぐれた人たち、自分の権利の優位を主張するだけの能力をもった人たちをおどかして、自分たちの持ち分がそういう人たちに侵されないように、欲張るのは醜いことだ、不正なことだと言いたて、不正とはまさにそのように他人よりも多くを持とうと求めることにほかならぬと説く。……

しかし私の思うに、自然そのものは、まさに同じそのことこそが正義なのだということを示しているのである。すなわち、すぐれた者は劣った者よりも、また、有能な者は無能な者よりも、多くを持つことこそが正しいのだ、と。

これがそのとおりだということを明示する事実は、いたるところにある。動物たちの世界においてもそうだし、人間たちのつくりなす全体としての国と国、種族と種族との関係においてもそうだ。いずれにおいても明らかなのは、正義とはつねにそのようにして強者が弱者を支配し、強者は弱者よりも多く持つという仕方で判定されてきたということである。……

いや、思うに、これらの人たちのそのような行動は、正義というものの自然本来のあり方にかなったふるまいなのであり、さらに言うならば、ゼウスに誓って、法にさえもかなったものなのだ。しかり、法は法でも、それは自然の法であって、おそらく、われわれが勝手に制定するような法ではないであろう。（『ゴルギアス』483B–E．藤澤令夫訳、『プラトン』中央公論新社）

プラトンは『ゴルギアス』の約一〇年後に、大作『国家』を書いている。その第一巻と第二巻は、このカリクレスの思想を展開したものであり、第一巻の登場人物トラシュマコスは、「正義とは強者が弱者を搾取するための道具である」と語り、「正義とは強者の利益である」という主張を強弁する（338C～）。第二巻では、グラウコンがこの主張を逆転して、「正義とは弱者たちが自己の利益を強者から守るための約束事である」という主張を展開する（358E～）。このグラウコンの「正義」の起源説は、近世になって、トマス・ホッブズ（一五八八～一六七九）が社会契約説として展開していった「正義論」の古代版である。

ホッブズは、主著『リヴァイアサン』（一六五一）において、「人間の自然状態」を「万人の万人に対する戦いの状態（bellum omnium contra omness）」として捉えており、人びとはこの「ピュシスの状態」という「悲惨な状態」から抜け出すために互いに契約を交わし、自己の権利の一部を一つの権力に委ねることになる。ホッブズはこの権力を「リヴァイアサン」と名づけているが、リヴァイアサンとは旧約聖書『ヨブ記』に出てくる怪物であり、国家権力の象徴である。このようなかたちで、ホッブズは国家と自然法（ノモス）の起源を捉えているのであり、周知のように、彼の思想はその後の近世世界に大きな影響を与えることになる。（なお、ホッブズは先に取り上げたトゥキュディデスの『戦史』を最初にギリシア語から英語に翻訳した人物である。）

ただ、カリクレスやトラシュマコスが伝統的な社会道徳を「奴隷道徳」として批判し、「自然の正義」を主張する場合、その「正義」は自己の欲求の充足という視点から捉えられており、「自然の正義」、「自然の法（ノモス）」はそれに基づいていると言える。

これに対して、ソクラテスは彼らの見解に反論していくが、しかしまず、彼らの主張を「他の人たちなら、心では思っていても口に出さない」ことを率直に語ってくれたとして、歓迎している（492D）。このようにソクラテスはあらゆるノモス（法、道徳習慣）を疑い、それを吟味していこうとする点で、カリクレスやトラシュマコスと同じ基盤に立っていると言える。おそらく、ソクラテスのこの態度とも関連していると思われるが、前三九九年、ソクラテスはメレトスという喜劇作家によって、「国家が認める神々を認めず、かつ青年たちに害毒を与える」という理由で訴えられ裁判にかけられる。そして、死刑の判決を受けるが、その裁判において、ソクラテスは、人びとの信じている価値がはたして真に自己の利益（善）であるかどうかは吟味すべき課題であると主張している。

2 ソクラテスの「徳の探求」からアリストテレスの「徳の教育」へ

(1)『ソクラテスの弁明』の思想

周知のように、ソクラテスは生涯一冊の書物も書かなかった。だが、プラトンは、初期対話篇を通してわれわれにソクラテスの思想を伝えており、なかでも『ソクラテスの弁明』（以下、『弁明』と略記）は、歴史的なソクラテスの哲学（愛知）を示すものと見なされている。

ソクラテスは、自己の思想のエッセンスを次のように語っている。

私は息のつづくかぎり、私にそれができるかぎり、決して知を愛し求めることはやめないだろう。……そしてそのときの私の言葉は、いつもの言葉と変わりはしない。――世にもすぐれた人よ、君は、アテナイという、知力においても武力においても最も評判の高い偉大なポリスの人でありながら、ただ金銭をできるだけ多く自分のものにしたいというようなことばかり気をつかっていて、恥ずかしくないのか。評判や地位のことは気にしても思慮（phronēsis）や真実（alētheia）には気遣いもせず、魂がどうしたらできるだけすぐれたものになるかということに気遣いもせず考慮するということもないというのは……。（『弁明』29D~E. 田中美知太郎訳、『プラトン全集1』岩波書店）

現在のわが国において、人びとの関心の大半は経済問題と健康問題であるが、前五世紀のアテナイにおいても、人びとの主要な関心事は金銭や身体の事柄であった。ソクラテスは、もちろん、「金銭や身体のことを気にしてはならない」と言っているのではない。ただ、「それ以上に魂ができるだけすぐれたものになるように気遣うべきである」と言うのである。なぜなら、「いくら金銭をつんでも、そこから、すぐれた魂が生まれてくるわけではなく、金銭その他のものが人間のために善いものになるのは、公私いずれにおいても、すべては、魂のすぐれていることによる」からである（『弁明』30B）。

ソクラテスは「魂の卓越性」を「徳（aretē）」という言葉で捉え、「勇気とは何か」、「節制とは何か」、「敬虔とは何か」といった仕方で個々の徳の定義を求め、また「徳とは何か」を追求していく。

(2)「アレテー（徳、魂の卓越性）」の概念

古代ギリシア語の「アレテー」は「アガトン（善さ）」とともに、身体の諸器官や動物に対しても適用され、「優れている」、「卓越している」という意味で用いられていた。この言葉は、時代とともにその意味が変遷しており、ホメロスの時代には、よい家柄の生まれの者に使われるとともに、武将の世界では、強いことがアレテーとして捉えられている。やがて社会の分業化にともない、羊飼い、大工、医者のような社会的役割に応じて、羊飼いとしてのアレテー、医者としてのアレテーといった仕方で、それぞれの技術知における卓越性を表す表現として「アレテー」という言葉が用いられるようになる。この用法は、

プラトンの初期対話篇における「アレテー」の基本的意味であるが、アリストテレスも『ニコマコス倫理学』でこの用法に基づきながら、彼独自の「アレテー」概念を構築していく。

ところで、前五世紀、デロス同盟の盟主として繁栄するアテナイは民主制を取り、自由人の男子であれば誰でも、議会や裁判において、自己の見解を示して人びとを説得することができた。そしてそのように人びとを説得できる能力、すなわち、国事行為における卓越した政治的能力が「アレテー」と言われるようになってくる。そこで、「青年たちにアレテーを教える」と公言するアレテー（徳）の教師たちが他の国々から続々とアテナイへやってくることになった。アブデラ出身のプロタゴラス（前四九〇頃～前四二〇頃）、レオンティノイ出身のゴルギアス、ケオス島出身のプロディコス（前四六〇頃～前三九九頃）といったソフィスト（知者）と呼ばれる人びとである。

彼らは授業料を取って富裕な家庭の子弟を教えたが、その内容は弁論術（レートリケー）であり、それを通して国家有数の人物となるための能力、人間としての卓越性が育てられると考えられていた。ここに、先の医者とか大工といった個々の技術知から区別されて、「人間としてのアレテー」という概念が成立してくる。

重要なのは、ソフィストたちによって使われる「人間としてのアレテー」と先に触れたソクラテスの「魂の卓越性」としての「アレテー（徳）」とは、その概念内容が根本的に異なっているという点である。ソクラテスにとっては「魂がすぐれてあること」がまさに人間としてのアレテーであり、富も、健康も、名誉も、そしてソフィストによって唱えられる言論の能力も、すべては魂がすぐれたものであってこそ、はじめて人間にとってよいものになり、人間を幸福（エウダイモニア）にするものであった。

(3)「徳（アレテー）」と「知識（プロネーシス、ソピア、エピステーメー）」

「徳」とはソクラテスにとって「魂のすぐれてあること」であった。では、ソクラテスはこの「魂の卓越性」をどのように捉えているのであろうか。『弁明』では、「魂のすぐれた者」とは「思慮（プロネーシス）ある者」であると述べられる。ソクラテスはこの「プロネーシス」を「ソフィア（知恵）」として捉え、さらにそれを「エピステーメー（知識）」として把握している。この事情を示すために、対話篇『プロタゴラス』から引用してみよう。ソクラテスはプロタゴラスに対して、「エピステーメー（知識）」というものに対する彼の見解を聞きたいとして、次のように述べている。

（多くの人びとは）たとえ人間が知識（エピステーメー）をもっているとしても、いざ実際に人間を支配するものは、しばしば知識ではなく、何かほかのもの――あるときには激情、ときには快楽、ときには苦痛、ときには恋の情熱、またしばしば恐怖なのであると、こう考えているわけです。

つまり何のことはない、彼らの考えている知識というものは、いわば奴隷のように、他のすべてのものによって引っぱりまわされるものなのですね。はたしてあなたもまた、知識をこんなふうに見ていらっしゃるのでしょうか？　それとも、知識は立派なものであって、人間を支配する力をもち、いやしくもひとが善いことと悪いこととを知ったならば、何かほかのものに屈服して、知識の命ずる以外の行為をするようなことはけっしてなく、知識（プロネーシス）こそは人間をたすけるだけの確固とした力をもっていると、このようにお考えでしょうか。（『プロタゴラス』352B–C. 藤澤令夫訳、『プラトン全集8』岩波書店）

ここで、ソクラテスはプロタゴラスの立場を尋ねるかたちを取りながら、自己自身の知識についての見解を示している。すなわち、「いやしくもひとが善いことと悪いこととを知ったならば、何かほかのものに屈服して、知識の命ずる以外の行為をするようなことはけっしてない」というのである。すなわち、知識をもっている場合、アクラシア（無抑制、意志の弱さ）といったかたちで、情念に支配されることはありえない、と。

アリストテレスは『ニコマコス倫理学』第七巻で、このソクラテスの「パラドクス」と格闘しているが、われわれも第四章「徳とアクラシア」で、この「アクラシア」の問題を扱うことにする。ただ、ここで注意しておきたいのは、ソクラテスが「徳」を「プロネーシス」として捉え、その「プロネーシス」を「ソフィア」や「エピステーメー」と同義のものとして考えていることである。他方、すぐ後で述べるように、アリストテレスは「エピステーメー（理論的知識）」、「プロネーシス（実践的知識）」、「テクネー（製作的知識）」の三者をはっきりと区別するようになる。この知識の区別は『ニコマコス倫理学』を理解する上できわめて重要である。

またそれと関連して、ソクラテスとアリストテレスとでは、「徳」という実践知へのアプローチに大きな相違がある。対話篇『メノン』で、「徳は教えられるか」という問いに対して、ソクラテスは「徳が何であるか」を知らないかぎり、「徳が教えられるかどうか」は知りえないと答えている（『メノン』71AB）。それに対して、アリストテレスは『ニコマコス倫理学』では、その問いの順序を逆転させて、「徳がどのように獲得されるか」を通して、「徳とは何か」という問いに答えようとしている。この問いの転換は、すでにプラトンが『国家』第四巻において示唆しており、アリストテレスはそれを受け継いでいるのであるが、私はこの問いの転換を、第二章「人はどのようにして徳ある人へと成長するか」で、より積極的に解釈したいと考えている。

現在多くの研究者は『ニコマコス倫理学』の主題を「（理性による）徳の基礎づけ、正当化」にあると捉えている。しかし、私は近世のカントや功利主義のような仕方で徳（道徳）を「基礎づける」ことがアリストテレスの狙いであったとは考えない。むしろ「どのように子どもを善き人へと育てるか」ということ、すなわち、「徳」の形成論、「徳を備えた人」への発達論がアリストテレスの目指していることであると考える。この点は本書の主題であり、第二章でくわしく考察するが、私が基本的論点と考えるところをあらかじめ示しておくことにしよう。

(4) 「第二の自然（ピュシス）」としての「ノモス」

ソロンは「ノモス（法、慣習）」と「ピュシス（自然本来にあるもの）」を一体化し、「正義と幸福の一元を確信する」思想を示してアテナイの民主制の基礎をつくった。しかしその後、「ノモス」と「ピュシス」は乖離していき、カリクレスやトラシュマコスのような、道徳的ニヒリズムの思想が登場してくる。

ソクラテスはそのような時代において、「魂を大切にせよ」と主張し、魂の卓越性としての「徳」の探究を人びととの対話を通して行っているが、この「愛知（哲学）」の営みは「ノモス」と「ピュシス」の統合を目指す活動であると言える。弟子のプラトンはこのソクラテスの「愛知の営み」を「イデア論」へと体系化していくことになる。他方、アリストテレスはソクラテス、プラトンの教えを引き継ぎながらも、プラトンとは異なる独自の方法で、この「ノモス」と「ピュシス」の統合を目指していると言える。これは先に指摘したように、「どのように子どもを善き人へと育てるか」ということであるが、この考え方のポイントを示すために、近世、現代の事例を参考として取り上げてみよう。

「ノモス」と「ピュシス」をどう捉えるかは古代ギリシア哲学に固有の問題ではなく、近世、現代の哲学の問題でもある。次に取り上げるヒューム（一七一一〜七六）とウィトゲンシュタイン（一八八九〜一九五一）の事例はアリストテレスの思想を理解する上で有益であると私は考える。

ヒュームの「理性は感性（情念）の奴隷である」という有名な言葉は、「理性」と「感性（情念）」を切り離し、情念（欲求）を行為の源泉として捉える見解を表しており、二〇世紀の倫理学における「情緒主義（emotivism）」の先駆けとして捉えられている。しかし、ヒュームの哲学はそれとは別の重要な側面をもっている。ヒュームは、人間の「原初的な感性・情念」の涵養・洗練を通して「人為的な徳（artificial virtues）」の成り立ちを追求しており、そこには、アリストテレスの倫理学と同じ方法が取られている。すなわち、「強い自己愛（self-love）」と「乏しい慈愛（benevolence）」、これが、ヒュームの前提する原初的な「人間の自然（human nature）」である。ヒュームはこの「人間の自然（ピュシス）」を出発点として、しつけや教育を通して、「慈愛」がどのようにして「自己愛」を凌駕するようになるか、そのプロセスについての見事な説明を与えている。その場合、行為の反復を通じておのずから生じる慣習的な秩序（コンベンション）が「規範（ノモス）」の基盤として捉えられている(3)。

また、知性や言語についての後期ウィトゲンシュタインの思想は、ロック（一六三二〜一七〇四）のような近世哲学より古代のアリストテレスに近いと言える。ロックは『人間知性論』の第三巻において、人類の言語の系統発生（phylogeny）を主題にしているが、「言葉の意味とはそれが表す観念である」というのがロックの基本的なテーゼである。したがって、言葉の意味である「一般観念」がどのように形成されるか、これが考察の中心になっている。ロックはそれを「抽象能力」といった「前言語的な精神能力」を通して解明していくのであり、その意味で、ロックの言語論においては、「言葉を教える」、「言葉を学ぶ」と言った関係はほとんど問題になってはこない。すなわち、ロックの言語は他者を前提しない「私的言語（private Sprache, pivate language）」であると言うことができる。

後期ウィトゲンシュタインが批判の対象としたのはまさにこの「私的言語」の思想であった。ウィトゲンシュタインはそれに代えて、「歩いたり、食べたり、飲んだり、遊んだり」することの延長として、言葉を語る営みがあると語る。すなわち、母語が教えられ、それを学び、語ることが人間の「生のかたち」なのである。[4] ロックとは異なり、ウィトゲンシュタインは「ひとはいかにして言語の中で陶冶されていくか」という言葉の個体発生（ontogeny）を中心にして、言語行為の現象を考察していく。

アリストテレスの場合、人間は他の動物とは異なり、言語習得能力をもって生まれてくる。そして人間の言語能力は教育、学習、訓練を通して次第に人間に備わってくる。また幼児が母語を教えられ、学んでいくのと同様に、「勇気」、「節制」、「正義」等々の徳は、具体的な状況において教えられ、学ばれていく。アリストテレスはそれらの習得過程の解明を通して、それらの徳が人間にとって「第二の自然」として形成されていく過程を捉えようとする。そのようにして、「ノモス（規範）」と人間の「ピュシス（自然）」がどのように統合されていくかを明らかにしようとするのである。この点を解明すること、すなわち、「徳」の「形成論」、「生成論」を明らかにすることが本書の狙いである。

3　アリストテレスの存在論とイデア論批判

(1)学問の三区分――「倫理学」と「政治学」

この第3節では、『ニコマコス倫理学』を理解する上で必要なアリストテレスの存在論を概観していくことにする。

アリストテレスは多くの哲学用語を創造しており、今日でも使用されている概念が多い。たとえば、「形相」と「質料」、「普遍」と「個物」、「実体」と「属性」、「演繹」と「帰納」、「類」と「種」等々を挙げることができる。そのうち、われわれの考察にとって最も重要なのは、アリストテレスが導入した学問の三区分、すなわち、「理論的学問（theōrētikē）」、「実践的学問（praktikē）」、「制作的学問（poiētikē）」の区分である。これは人間の能力の三つの基本的な営み、すなわち、「観ること（theōria）」、「行うこと（praxis）」、「作ること（poiēsis）」に対応している。理論的学問は「他の仕方でありえない必然的な事柄」にかかわり、その認識は「エピステーメー（epistēmē）」と呼ばれる。他方、実践的学問ならびに制作的学問は「他の仕方でもありうる非必然的な事柄」にかかわり、そこでは自由と創造が問題になってくる。そして、実践における認識は「プロネーシス（pronēsis）」、制作における認識は「テクネー（technē）」と呼ばれる。

この学問の三つの区別は、アリストテレス独自の区別であり、中世の大学教育を通して維持されており、また近世においても、たとえば、カントの『純粋理性批判』、『実践理性批判』、『判断力批判』はアリストテレスのこの学問の三つの区別に対応している。

ここで、「倫理学 Ēthika」という言葉について考えてみよう。倫理学は上記の学問の三区分のうち、実践的学問に属する。アリストテレスの倫理学に関する著作として伝わるものは『ニコマコス倫理学』（Ēthika Nikomaxeia）、『エウデモス倫理学』（Ēthika Eudēmeia）、『大倫理学』（Ēthika Megala）の三書である。

『大倫理学』はアリストテレスの作ではなく、前二世紀の後半、ペリパトス派の学徒がアリストテレスの学説を受け継いで著したものである。他方、『ニコマコス倫理学』と『エウデモス倫理学』はアリストテレスの講義の手稿をもとに彼の没後に編集、公刊されたものであり、「エウデモス」、「ニコマコス」は編者名を示していると解されている。『エウデモス倫理学』と『ニコマコス倫理学』は内容的に重なる部分が多いが、一般に、『エウデモス倫理学』はより初期のものと見なされている。他方、『ニコマコス倫理学』はアリストテレスがマケドニアからアテナイに帰って（前三三五年）、その地リュケイオンで創設した彼の学園において行われた講義に基づくものである。

「倫理学 Ēthika」という学問はアリストテレスに始まると言われている。ただ、『ニコマコス倫理学』は Ēthika Nikomaxeia であって、「倫理学」のギリシア語に当たる Hē Ēthikē ではない。そもそも Hē Ēthikē といった言葉はテキストに登場していない。アリストテレス自身はこの講義録で扱われる諸問題を対象とする学を、『ニコマコス倫理学』第一巻で、「政治学」（Hē Politikē）（1094a27）と呼んでおり、また、彼の著書『政治学』（Ta Politika）の中で何度も、「『エーティカ』（Ēthika）で述べたように」といった仕方で言及しており、「倫理学」を「政治学」の一部と見なしていると言える。これは、個人の「善き生」や「幸福」はポリス（国家）全体の「善きあり方」をまってはじめて可能になるという考え方に基づいており、現代と異なり、古典ギリシアにおいては、倫理学は政治学と一体のものと捉えられていた。『ニコマコス倫理学』の最終巻第一〇巻の最終章では、「政治学」へ向けた橋渡しがなされている。

「エーティカ（Ēthika）」とは、「エートス（Ēthos, 性格、人柄）にかかわる」という意味である。「エートス」とは、「親切な」、「不親切な」、「勇気のある」、「臆病な」、「節制ある」、「正直な」、「寛大な」等々の表現で示される特性のことである。この「性格」の「卓越性」が「徳（アレテー）」であり、この「徳（アレテー）」を通して「エウダイモニア（幸福）」を規定し、「人はいかに生きるべきか」というソクラテスの問いに答えようとするのが、『ニコマコス倫理学』におけるアリストテレスの構想である。ただ、第一巻第一三章において、アリストテレスは「徳」を「エーティケー・アレテー（性格の徳）」と「ディアノエーティケー・アレテー（思考の徳）」に分けており、「性格の徳」が成立するためには「思考の徳」の働きが不可欠であるというのがアリストテレスの見解であり、これについては第三章「性格の徳と思慮との関係」においてくわしく考察する。その意味で、アリストテレスはソクラテスの課題を受け継いでいると言える。しかし、それでも「倫理学がアリストテレスに始まる」と言えるのは、この学問が先に紹介したアリストテレスの学問についての考え方に基づいているからである。

(2) カテゴリー（範疇）の区別

アリストテレスは上に述べた三つの学問の他に、これらの学問の「予備学」（道具・オルガヌム）と言うべき知識を認めている。それについては、『カテゴリー論』、『命題論』、『分析論前書』、『分析論後書』等の著作があり、そのうち、『カテゴリー論』はアリストテレスの存在論を知る上で重要である。

「カテゴリー（katēgoriai）」は、その動詞形が「告発する、述語づける（katēgoreō）」であり、普通は「範疇」と訳され、多義的な「存在」の基本的構造を表す術語として使われている。たとえば、この人間（ソクラテス）について、われわれは、彼が「人間である」（実体）と語り、「白い」（性質）と語り、「八〇キロである」（量）と語る。また「アゴラにいる」（場所）、「立っている」（状態）と語る。アリストテレスは、このような「述語」の最高（最終）のタイプを「実体」、「質」、「量」、「関係」、「状態」、「位置」、「時間」、「場所」、「能動」、「受動」の一〇の「範疇」に区別している。

なお、ここに例示した「実体」（ソクラテス、この人間）以外の「範疇」（付帯性、属性）の特性として、アリストテレスは、①それ（その語）が、「主語が表す基体（hypokeimenon）のもとに述語づけられる」という特徴と、②「その基体の中に（基体に依存して）存在する」という特徴を挙げている。たとえば、「白い」、「八〇キロである」、「アゴラにいる」といった述語は「ソクラテス」という感覚的個物（第一実体）に述語づけられるものであり、それらはいずれもこの特定の基体（ソクラテス）を離れて独立には存在せず、つねに感覚的個物（第一実体）に依存して存在する。

(3) 形相と質料――四原因論

以上は、『カテゴリー論』に基づく「述語づけ」を手がかりにした「実体」と「付帯性・属性」の区別であるが、この「実体（ousia）」の概念はより重要な内容をもっている。

アリストテレスは『形而上学』第一巻において、タレスからプラトンに至る哲学の歴史を叙述している。その一つの流れは「万物は何から成っているか」という問いに答えようとするものであり、タレス〔前五八五頃〕はそれを「水」と言い、アナクシメネス〔前五四六頃〕は「空気」と主張し、デモクリトス〔前四二〇頃〕はそれを「充実体〔アトム〕と空虚〔ケノン〕」であると答える。

しかし、このように「万物の根源」を求め、それが「何から成るか」といった仕方で「質料〔材料〕」を求める考察だけでは不十分である。たとえば、「机」は「木材」から成るが、その同じ木材から「椅子」や「家」といった多様なものが作られる。したがって、「机」が存在するためには、「質料〔材料〕」に働きかけて机を作り上げる大工の役割を果たす「作用因」が必要であり、またどのような形の机を作るか、その設計図にあたる「形相因」が必要であり、さらに何のために机を作るのかという、「目的因」も必要である。それゆえ、あるものを成り立たせている原因として、アリストテレスは、このように「質料因」、「作用因」、「形相因」、「目的因」の四つの原因を挙げている。ただし、人工品の場合とは異なり、人間や馬、あるいは樫やニレのような自然物の場合、「作用因」、「形相因」、「目的因」の三者は融合し、事物は「質料〔因〕」と「形相〔因〕」から成り立っているとされる。

「形相」について、もう少し述べておこう。アリストテレスはソクラテスの思想史上の功績として、「ものごとの普遍的な定義を求めたこと」、ならびに「帰納法の発見」を挙げている。すなわち、ソクラテスは「万物は何から成っているか」といったかたちで、ものごとの「質料（材料）」を求めるのではなく、言論（ロゴス）によって捉えられる「ものごとの本質」を追求したのであり、「定義」も「帰納法」もこのような「ものの本質」を捉える手段であった。

このソクラテスの方法は、世界の構造に数学的な比を求めたピタゴラス派や、「真実在」を論理的思考（ロゴス）を通して捉えようとするパルメニデス（前五一五頃〜前四五〇頃）の思想の流れを汲むものであり、それを「形相（エイドス）の探究」と呼ぶことができる。ソクラテスは、「勇気」、「節制」、「正義」といった「徳」について、「それは何であるか」という問いを通してその本質（定義）・形相を追求していく。その際、たとえば、「勇気」と呼ばれている多くのものを取り上げ、それらの事例に共通にある「勇気」の普遍的な本質を求めていく。これがソクラテスの「帰納法」である。この「帰納と定義」の方法がソクラテスの問答法（ディアレクティケー）であり、彼は問答を通して、「何であるか」を問い、ひとつひとつの答えを実例に照らして吟味していったのである。

(4)可能態(デュナミス)と現実態(エネルゲイア)

ところで、机の表面が茶色から白に塗り替えられたり、ソクラテスが八〇キロから七〇キロに痩せたりする場合、机やソクラテスといった実体が変化したのではなく、その付帯性・属性が変化したのである。他方、机がこわれ、ソクラテスが死ぬ場合、あるいは逆に、胎児から人間が誕生する場合、実体が生成し、あるいは消滅したのである。

生成・消滅に関して、机や椅子や家のような人工品の場合とソクラテスや樫の場合とでは異なっている。木材から机が生成したり、机が木材に解体されたりする場合、人間の行為という外的な力が加えられることによるが、胎児から人間が誕生したり、ドングリから樫の木が生成する場合、胎児の中にある「可能態(dynamis)」としての人間の形相が「現実態(energeia)」になっていくのである。また、ドングリは樫の木の形相を可能態としてもっており、それにある条件が与えられる場合に、その形相が現実態になることによって樫の木が成立していく。

自然の事物の場合、ドングリがもつ種(species)の本性、つまりその形相によって樫の木が成立してくるのであり、自然はそれぞれのものの形相、つまり種的形相が同一性を保って、生成を導いていく。「鳶は鳶を生む」のであって、「鳶が鷹を生み」、「瓜の蔓から茄子がなる」ことはない。このように、それぞれの「natura(本性)」によって規定されるものが「natura（自然）」であると言える。

アリストテレスは以上の実体論に基づいてプラトンのイデア論を批判している。ここでは、『形而上学』第一三巻九章のイデア論批判を紹介しておこう。アリストテレスは、ソクラテスは倫理学上の事柄について、「何であるか」という定義を求めることにより、①「普遍的なものを感覚的個物から区別する途を開いた」と述べ、②「しかし、その普遍的なものが独立に存在するとは主張しなかった」と語っている。

知識は普遍的なかたちを取り、普遍的な定義が求められる。他方、感覚的個物はつねに変化しているため、その普遍的定義は感覚的個物とは別のかたちを取ることになる。しかし、アリストテレスは、普遍的定義に対応して、感覚的個物から離れてその普遍（イデア、エイドス）が独立に存在すると考えるのは誤りであると主張する。このアリストテレスのイデア論批判は、上の(2)で紹介した『カテゴリー論』における「主語となって述語とならないもの」という実体（基体）の概念、また(3)で説明した『形而上学』における「形相と質料」の見解からの当然の帰結であるということができる。しかし、特にプラトンの「善のイデア」に対しては、アリストテレスは『ニコマコス倫理学』第一巻第六章で、自己の倫理思想との相違を明確にするため、これをきびしく批判している。それを簡単に紹介しておこう。

⑸「善のイデア」の批判

プラトンは『国家』第六巻で真の政治家の養成について語っているが、その最終段階において、「善のイデア」の認識を上げている。真の政治家はこの認識において「魂の全面的な転回」を経験し、「哲人君主」としてすべての政治的判断における無謬・無過誤の人間となる。そのためには、予備学として幾何学をはじめとする四つの数学的な諸学を修めなければならない。これらの学はそれぞれその「公準」を「ヒュポテシス（hypothesis）」として前提しており、それゆえ、根源（arxē）の学ではないが、しかし、これらの学は「善のイデア」に到達する不可欠の道であり、これら数学における「ヒュポテシス」を跳躍台として、真の意味での万物のアルケー（根源）としての「善のイデア」の認識に到達できる、というのである。

しかしながら、アリストテレスから見れば、このような見解は学問の異なった分野のあいだの相違をまったく無視したものである。というのは、『カテゴリー論』で紹介したように、「存在（ある）」は、異なるカテゴリーに従ってさまざまな意味で「ある」と語られるが、同様に「善い（善）」も異なるカテゴリーに従って、さまざまに異なった意味で「善い」と語られるからである。たとえば、徳のような「性質」について「善い」と語られ、「量」について「善い」と語られ（適量）、「時」に関しても「善い」（好機）と語られる。

さらに「時」に属する「好機」に関する知識についても、戦争については統帥術があり、病気については医術があり、運動については体育術がある。したがって、数学的諸学の学習の究極点において、「善」の何たるかが把握されるといった『国家』の見解は、アリストテレスにとってナンセンス以外の何ものでもない。

このように、アリストテレスはプラトンの「善のイデア」を否定するが、この「善のイデア」に代えて、「エンドクサ（ta endoxa）」、つまり「人びとが抱いている定評ある見解」のうちで「善」、「幸福」、「徳」を探求して行こうとする。(5) アリストテレスが倫理学に求める「善」とは、人間のさまざまな活動に求められている「善きもの」に秩序を与えるような「尺度」である。すなわち、それは、「この状況において、何を為すことが最も善いか」という問いに答えうる「善の尺度」である。このアリストテレスの精神を示す言葉を、『ニコマコス倫理学』第七巻から引用しておくことにしよう。

他の場合と同様、ここでもわれわれは「タ・パイノメナ（観察される事実）」を提示しながら、最初に関連する諸問題を通覧し、……できればすべての「エンドクサ（人びとが抱いている定評ある見解）」を、それができなければ、できるかぎり多くの、そして最も有力な「エンドクサ」を示さなければならない。（第七巻第一章、1145b2〜6）

アリストテレスは『ニコマコス倫理学』において、このような「人間にとっての善」、あるいは「人間としての善」を通して、ソクラテスの「人はいかに生きるべきか」という問いに答えようとしていると言える。

⑹アリストテレスの「魂」論——階層構造説

ここで、アリストテレスが「人間」を自然界のうちにどのように位置づけていたかを見ておこう。『ニコマコス倫理学』の第一巻第七章では次のように述べられている。

生きていることは植物にも共通することが明らかである。しかし、われわれが求めているのは人間に固有の機能である。それゆえ、栄養的生や成長にかかわる生は除外されねばならない。次に来るのは感覚的な生ということになるが、これもまた馬や牛、その他すべての動物と共通の生である。すると残るのは、人間において「ロゴス（理性）」をそなえている部分によるある種の行為的生ということになる。（第一巻第七章、1097b33~1098a4）

ここで、「生きるもの」（生物）の中での分類が述べられているが、当然、無生物と生物

図1

との区別が前提になっている。すなわち、物質（無生物）、生物（植物）、動物、人間の順序で下から上へと積みあげるかたちで考えられており、自然は図1のような階層構造をなしていると捉えられている。

上位の層はその存在を下位の層の存在に依存している。人間を規定する「ロゴス」の機能（エルゴン）は「感覚能力」の存在に依存し、馬や牛の「感覚能力」の成立のためには「栄養摂取能力」が必要である。しかし、上位のものの原理は独自のものであって、それを下位のものから導出することはできない。人間はこれらの四つの層の機能をすべて備えているが、理性的な分別を失えば動物のように衝動的に行動することになり、感覚能力や運動能力を失えば植物的状態に陥ってしまうこともある。また死んでしまえば単なる物質となる。

アリストテレスの場合、「プシュケー（魂）」という言葉は人間の「精神（心）」だけではなく、植物や動物と共通する機能、つまり生命現象を表す言葉であり、人間の「プシュケー」は、身体と切り離せず、プシュケー（魂）は身体（肉体）の「形相」であるといわれる。
鉄製の斧はものを「切断する」機能（エルゴン）をもつが、それと同様に目という身体（肉体）はものを「見る」という機能をもち、また魂は身体（肉体）を通してその機能を発揮する。したがって、アリストテレスの見解は、魂は身体から独立していると考えるソクラテスやプラトンとは異なるとともに、デカルト以降の心身二元論とも異なっている。同時に、魂の独自の機能を主張する点で、現代の科学的自然主義とも異なっていると言える。

以上、この序章では、古代ギリシアの歴史状況や時代思想を紹介することによって、先行思想とアリストテレスの倫理学、存在論との関わりを説明してきた。第一章「幸福（エウダイモニア）とは何か」以降の本論では、『ニコマコス倫理学』の内容に即して、アリストテレスの徳倫理学をくわしく検討していくことにする。

第一章　幸福（エウダイモニア）とは何か

『ニコマコス倫理学』は全一〇巻からなるが、第一巻は全体の序論であり、『ニコマコス倫理学』の主題とその考察方法が述べられている。「まえがき」で紹介したように、アリストテレスは「いかに生きることが最善の生か」という問いを追求するが、この「最善の生」を第一巻第四章で、古代ギリシアの伝統に従い、「エウダイモニア（幸福）」という言葉で捉えている。それゆえ、「幸福とは何か」を明らかにし、人びとに「幸福に至る道」を示すことが、『ニコマコス倫理学』の主題である。

アリストテレスはこの主題に取り組む二つの方法を明らかにしている。まず、第一巻第六章で、プラトンの超越的な「善のイデア」をはっきりと退け、「エンドクサ」、つまり、人びとが抱いている定評ある見解の吟味を通して「幸福」の探求を行うことを宣言する。また続く第七章では、人間の「エルゴン（機能）」の解明を通して「幸福」を求めていくことを明らかにしている。

私はこの第一章で、アリストテレスが「最善の生」としての「幸福（エウダイモニア）」をどのように把握しているかを紹介したい。

第1節では　まずギリシア語「エウダイモニア」の基本的意味を取り出し、第2節では、第一巻第五章で、古代ギリシアの伝統を踏まえつつ、アリストテレスが示している「幸福」観の概略を紹介する。続いて、『ニコマコス倫理学』の中でも重要な位置をしめる第一巻第七章を取り上げ、第3節では、「幸福（エウダイモニア）」の概念がもつ「究極性」と「自足性」という二つの特性を解明し、第4節では、「人間のエルゴン（機能）」の考察を通して取り出される「幸福とは徳に基づく魂の理性的活動である」という『ニコマコス倫理学』の基本思想を紹介する。また第5節では、アリストテレスが「幸福」が成立するための諸条件をどのように考えているかを示したい。

1　最高善としてのエウダイモニア――「善」と「幸福」を結合する思想

アリストテレスは第一巻の巻頭で「すべての行為はアガトン（善、善きもの）を目指している」（第一巻第一章、1094a1〜2）と主張し、『ニコマコス倫理学』が何よりも「アガトン（善）」の研究であることを宣言している。

しかし、ここで素朴な疑問が生じてくるかもしれない。はたして人間の行為はすべて「善」を目指していると言えるだろうか。われわれは日ごろ、「悪い」と知りつつタバコを吸っているのではないだろうか。だが、アリストテレスの視点から言えば、喫煙者は健康よりもともかくタバコを吸いたいのであり、喫煙は彼にとって善い行為なのである。このように、アリストテレスは「善」を道徳的な意味ではなく、「欲している」、「利益になる」という意味で用いており、この素朴な地平から道徳の問題を考えていこうとする。

これは、「誰も悪を欲する者はいない」（『メノン』78A）と主張し、「すべての者は善を欲している」と考えるソクラテスの態度でもあった。しかしもちろん、善と思ったことが悪であり、また善を欲しながらも意志の弱さのゆえに生じてくる、やっかいで重要な問題が存在する。ただ、この問題については第四章「徳とアクラシア」において検討することにして、先に進むことにしよう。

第一巻第一章から第四章で、アリストテレスは、人間は「善きもの」を目指して行為するが、人間が求める「善きもの」には階層（ヒエラルキー）があると語っている。それは次のようにまとめられる。

①まず、現に為している行為が、それを超える別の目的のために為されるといった場合が挙げられる。たとえば、畑を耕すのは種を蒔くためであり、種を蒔くのは小麦を収穫するためである。

②他方それに対して、別の行為の手段ではなく、その行為自身が目的であるような行為が存在する。テニスをする、酒を飲む、音楽を聴く、古典を読む、隣人を助ける、といった行為は一応そのようなタイプの行為である。「なぜテニスをするのか」と問われ、「楽しみのために」と答えるとしても、その答えは「テニスをする」ことから独立の別の行為を述べているわけではない。ただ、通常は、その行為自身が目的であるタイプの行為であっても、ある場合には、他のものの手段として為されることがある。たとえば、肥満を解消するためにテニスをするなどの場合である。

③しかし以上とは別に、このような目的―手段の関係においてつねに目的であって決して手段にはならないもの、つまり「究極的な善きもの」が存在する。しかも、この「究極的な善きもの」を何と呼ぶかに関して人びとは一致しており、それを「エウダイモニア」と呼んでいるとアリストテレスは述べている（第一巻第四章、1095a18〜19）。

この「究極的な善きもの」、つまり「最高善」がどのような意味で存在するのかに関しては、本章の第3節、第4節で検討することにして、ここではまず、行為や活動が目指している「最高善」としての「エウダイモニア」という言葉の意味について考えておこう。

ギリシア語の「エウダイモニア（eudaimonia）」は、日本語では「幸福」と訳され、今日それが定着している。この「幸福」は明治以降、「倫理学」、「道徳」、「功利主義」といった翻訳語とともによく使われるようになった言葉であり、辞書を引くと、「心が満ち足りていること、仕合せ、幸い、幸運」という説明が載っている。ただ、日本語の「幸福」とギリシア語の「エウダイモニア」は、当然、まったく同義というわけではない。「心が満ち足りていることが幸福である」と日本語の辞書が説明するように、「幸福」という言葉は人びとが感じる感情を表すのに使用される。他方、ギリシア語の「エウダイモニア」は人びとが感じる感情というより、人びとが目指す「最高善」を表す表現であり、目指すものが「最高善」でないならば、「エウダイモニア」とは言いがたい。

そこで、日本語の「幸福」に「最高善」といった厳めしい意味を与えることには抵抗を感じる人びともいるかもしれない。しかし、日本語の「幸福」にもたしかに「最も善きもの」という意味が含まれており、われわれは「お金や地位がなくとも、幸福でありたい」と言うが、「幸福でなくとも、お金や地位が欲しい」とは言わないように思われる。

「最高善」と「幸福」とを結びつけるアリストテレスの思想はソクラテスやプラトンの見解を受け継ぎながら、西洋倫理思想の大きな流れを形成しており、たとえば、「最大多数の最大幸福」を主張する功利主義思想をそのうちに位置づけることができる。他方それに対して、カント倫理学も「最高善」を求めるが、この「最高善」を「幸福」ではなく、「義務」、「正義」と結びつけており、この「義務の倫理学」も西洋倫理思想を代表する思想であると言える。カント倫理学については第三章で多少くわしく紹介したい。

ここで、アリストテレスの「エウダイモニア（幸福）」の概念を考える場合、重要な二つの特性を取り上げておくことにしよう。

第一は、ギリシア語の名詞「エウダイモニア」は「エウダイモネイン（eudaimonein）」という動詞形をもち、「よく為している（eu prattein）」、「よく生きる（eu zēn）」というかたちで行為や活動に基づいているという点である。これは、日本語の「幸福」や英語の"happy"にはない構造であり、『ニコマコス倫理学』を読む場合、最も重要な特性である。すなわち、「エウダイモニア」は「善き営み」、「善き行為」において実現するのであり、「状態」ではなく、「活動」である（第一巻第八章、1098b33~1099a3）。序章で紹介した術語を使えば、「エウダイモニア」は「デュナミス（可能態）」ではなく、「エネルゲイア（現実態）」である。

ところで、明治以来わが国で親しまれてきた、「山のあなたの空遠く、〈幸い〉住むと人のいふ」という句で始まるカール・ブッセの詩があるが、この詩では、「幸福（幸い）」を人間が生涯を通して求めていく、「山のあなたの空遠く」にある事態として把握している。アリストテレスもソロンの言葉を引用し、死を迎えるまでは、人は幸福であったかどうかを言うことはできないと述べている（第一巻第一〇章、1100a10～）。このように、第二の特性として、「エウダイモニア」というギリシア語表現は「まっとうした人生」（第一巻第八章、1098a18）に対して適用されるのが基本的な用法である。

それでは、「まっとうした人生」に対して適用される「エウダイモニア」と「よく為している」、「よく生きる」というかたちで具体的な行為や活動と結びつく「エウダイモニア」はどのように関係するのだろうか。これは見解が分かれる難解で重要な問題である。

私の理解では、上で指摘したように、「エウダイモニア」とはまず直面する具体的状況において「よく為すこと（eu prattein）」、「よく生きること（eu zēn）」である。そして徳を備えた人はそのようによく生きているのであり、そのような生涯を生きる人が「エウダイモニアな人」、「幸福な人生」である。この点はすぐ後で主題になってくる「徳」の概念についても言えることであり、「勇気ある行為」、「正しい行為」とは具体的状況における行為であるが、それは「徳ある人」の概念を通して解明されることになる。この点は本章第5節でも指摘するが、第二章、第三章でくわしく考察する。

2　アリストテレスの「幸福」観

ここで、『ニコマコス倫理学』第一巻第五章に目を向けることにしよう。人びとは最高善を「幸福」と呼ぶ点で一致するが、「幸福が何であるかについては人さまざまである」と指摘し、アリストテレスは、ギリシア社会において伝統的に捉えられてきた「幸福」の三種類のかたちを紹介している。

①まず大衆は幸福を快楽だと考え、「享楽の生活（ho apolaustikos bios）」を愛好する（第一巻第五章、1095b17）。
②他方、「政治的生活（ho politicos bios）」を目指す者は「幸福とは名誉である」と考える（第一巻第五章、1095b22〜29）。
③第三に、真理の探究、すなわち「観想活動の生（ho theōrētikos bios）」（第一巻第五章、1095b19）こそが「幸福」であると考える人びとが存在する。

この区別はプラトンの『国家』第四巻で論じられている三種類の階層、すなわち、大衆階層、補助者（戦士）階層、支配者階層に対応している。またこのプラトンの見解はさらにピュタゴラス（前五七〇頃）に遡ると見られている。ピュタゴラスの思想についてはローマ時代のキケロ（前一〇六～前四三）がそれを伝えている[1]。「フィロソフォス（愛知者、哲学者）とは何か」と聞かれて、ピュタゴラスはオリンピアの大祭に集まって来る人びとを三種類に分ける譬えを使って説明している。第一は人びとに飲み物や食べ物を売って「お金」を得ようとする人、第二は競技に参加して「栄誉」を得ようとする人、第三は競技をただ「観よう」とする観客である。人生においても、商業活動を通してお金を得ようとする人びと、政治活動を通して名誉を得ようとする人びと、そしてオリンピアの大祭の観客の場合と違って、数は非常に少ないが、ものごとの本質（rerum natura）を熱心に観ようとする人びとがおり、この最後の「観（テオリア）の立場」に立つ人が哲学者（愛知者）であるとピュタゴラスは語っている。

ピュタゴラス、プラトン、アリストテレスは最も優れた生き方を「観の立場」に立つことであると捉える点において共通している。他方、「快楽」と「名誉」に関しては、アリストテレスはここで独自の見解を示している。

(1)まず「享楽の生活」について、アリストテレスは、それは一般大衆の選ぶ生活であり、大衆は「家畜のような生活を選び取り、まったく（欲望の）奴隷のように見える」（第一巻第五章、1095b20）と語り、「享楽の生」を「幸福な生」から除外している。

しかし他方、「幸福」、「徳」を規定する場合には、「快楽」の重要性を強調しており、第七巻、第一〇巻では、彼自身の快楽論を展開している。それは行為の「よろこび」と結びつく、志向的、能動的な快楽論であり、「快楽」を受動的な感覚体験として捉える一九世紀の功利主義の見解とは異なり、「快楽・よろこび」についての深い洞察を示している。

(2)また、「政治的生活」に携わる人びとは名誉を人生の目的だと考えるが、その場合、彼らは「名誉は徳に基づく」という見解を取っており、したがって、ソクラテスと同様、「節制」や「勇気」といった「徳」が「幸福」であると考えていることになる。

それに対してアリストテレスは、徳をもっていても「最大の苦難を受けたり、この上ない不運に見舞われたりすることがあること」を指摘し（第一巻第五章、1095b32~1096a1）、「徳」は「幸福」と同一視できないことを主張する。彼の考えでは、「徳」は「幸福」と同一視することはできないが、「幸福」成立の不可欠の条件である（第一巻第七章、第八章）。この前提のもとに、第二巻から第九巻まで、「性格の徳（倫理的な徳）とは何か」を追求している。

(3)他方それに対して、アリストテレスは「観想活動」を「最も神的な魂の活動」と捉えており、「観想活動こそが最高善（幸福）である」と考えている。

このように、古代ギリシア人たちが抱いてきた「幸福」について、アリストテレスは「実践」と「観想」とを区別する立場から、ソクラテスやプラトンとは異なる独自の見解を示している。すなわち、市民生活における「実践活動」の「徳」と、「観想活動」の「徳」、この魂の二つの活動を通して最高善としての「幸福」に至る道を示していると言える。ただ、序章でも述べたように、この「観想活動」と「実践活動」の関係をどう捉えるかは『ニコマコス倫理学』全体の思想をどう把握するかという重要な問題であり、第六章「観想と実践」でくわしく検討することにしたい。

3 「幸福」についての基本的見解(1)——「幸福」の形式的規定

さて、ここで第一巻の中心をなし、『ニコマコス倫理学』の中でも最も重要な箇所の一つである第七章の議論を取り上げることにしよう。この第七章は大きく二つに分けられ、その前半では、「最高善」としての「幸福」の概念の形式的規定が示される。すなわち、第1節で簡単に紹介したように、行為の究極的目的が「幸福」であることが明らかにされている。後半では、その「幸福」の実質的な意味が「人間の機能（エルゴン）」を通して解明されている。この第3節では前半の議論を取り上げ、次の第4節で後半の議論を考察したい。

⑴「幸福＝最高善」の究極性と自足性

まず、「幸福＝最高善」とは、他のさまざまな行為が、それを目指す「究極的な（teleion）目的」であることが示されている。それをテキストからの引用を通して紹介しておこう。「幸福」の究極性（teleiotēs）は次のように規定されている。

なぜなら、われわれは幸福をつねにそれ自体のゆえに選び、他のもののゆえに選ぶことはないからである。他方、名誉、快楽、知性、そしてすべての徳に関しては、それらをわれわれはそれ自体のゆえに選ぶとともに、……それらを通じて幸福を獲得できるだろうと考えて、幸福のためにそれらを選ぶのである。逆に、それらのために幸福を選ぶというような人はだれもいないし、他のもののゆえに幸福が選ばれる、といったことはありえない。（第一巻第七章、1097a34～b5）

この行為選択の究極性（終極性）ということが「幸福＝最高善」の基本的な意味である。

しかし同時に、「幸福」は「究極的」であるゆえに、「自足性（autarkeia）」という特性を具えている。

この「幸福」の「自足性」は次のように規定されている。

自足的なものを、われわれはそれだけで生活を望ましいもの、まったく欠けるところのないものにするようなものと規定する。……また、幸福はすべてのもののうちで最も望ましいものであることによって、（他のものによって）加算されえないものであるとわれわれは考えている。加算されうるとすれば、（他の）善いものが僅かでもくわえられれば、いっそう望ましいものになるのは明らかだからである。（第一巻第七章、1097b14～18）

ここでは、「加算されえないもの」（mē sunarithmoumenēn）という概念を用いて、「幸福」の「自足性」を説明している。「加算されうるもの」とは部分的な善であって、功利主義が主張するような量的に規定できるものである。しかし、アリストテレスは「幸福＋他の何か」といったものが「幸福」よりも優先することは不可能であると主張し、「幸福の自足性」を説明している。この「究極性」と「自足性」の概念は『ニコマコス倫理学』をどう解釈するかにかかわる重要な問題であり、その点を簡単に紹介しておこう。

(2)「幸福」についての「支配的解釈」と「包括的解釈」

「幸福＝最高善」の概念が含む「究極性」と「自足性」に対応して、アリストテレスの「幸福」の概念をどのように捉えるべきかという議論があり、従来、「幸福」を「支配的目的（dominant end）」と解釈するか、それとも「包括的目的（inclusive end）」と解釈するか、について論争がなされてきている(2)。

幸福を「支配的目的」とする解釈は古くから主張されてきたものであり、「支配的目的」とは「さまざまな優れた活動をそのうちに含む生き方を特徴づけるもののうち、特定の支配的な活動を目的とする」という意味である。具体的に言えば、「幸福」とは「最も神的な魂の活動」としての「観想活動」であるという把握である。アリストテレスは、先にも紹介したように、「観想活動」は「最も神的な魂の活動」であり、市民社会における「性格の徳（倫理的な徳）に基づく活動」より優れた活動であると明確に語っている（第一〇巻第七章、第八章）。

それゆえ、「支配的解釈」は、われわれの行為は「目的―手段」の階層を形成しており、その究極の目的が「観想活動」としての「幸福」であるという見解である。だがその場合、

「観想活動」と「実践活動」の間にはたして「目的—手段」の関係があるかどうかが大きな問題であり、この点については、第六章「観想と実践」において取り上げることにしたい。

他方、「幸福」の「包括的目的」とは、「さまざまな優れた活動や事物をそのうちに含む生き方全体を目的とする」という意味であり、[3]「幸福」とは、「それ自身のために追求されるすべての善」（テニスをする、音楽を鑑賞する、隣人を助ける、その他、徳に基づく諸々の活動）を含むものだ、ということになる。「幸福」を包括的目的と解する「包括的解釈」の重要な根拠となるのは先に紹介した「幸福」の「自足性」の規定である。すなわち、「幸福」の概念には、そこに何ら「加算する必要はない」という意味が含まれている、という把握である。[4]

「包括的解釈」は多くの人びとによって取られている解釈であるが、私は次の第4節において、「自足性」に対して「包括的解釈」とは異なる解釈を示し、第六章でこの問題をくわしく検討してみたい。

4　「幸福」についての基本的見解(2)
――「人間に固有の機能（エルゴン）」とは何か

第一巻の第一章から第七章の前半（~1097b21）までは、人間にとっての「最高善（＝幸福）とは何か」という問いの追求であった（①）。しかし、アリストテレスは第七章の後半（1097b22~）では、「人間の固有の機能（エルゴン）とは何か」という問いを通して「最高善＝幸福」の問題を考察している（②）。

前者①が「人間は何を目指しているか」という問いを通して「人間にとっての善＝幸福」を規定しようとしているのに対して、後者②は「人間の機能（エルゴン）とは何か」という問いを通して、「人間としての善」とは何かを規定しようとする。[5] この①の問いは前節で紹介したように、「幸福＝最高善」をめぐる概念的考察であり、②の「人間のエルゴン」を尋ねる問いとは本来、区別されるべきであるように思われる。しかし、アリストテレス自身は両者を区別せず、「ト・アントローピノン・アガトン（to anthrōpinon agathon）」という表現を「人間にとっての善」＝「人間が欲し、求めている善」として、あるいは「人間としての善」＝「人間に要請される善」として、両義的に使っている。[6] おそらく、アリストテレスは、「人間にとっての善」という概念的な解明を求める問いの実質的内容は人間の「エルゴン（機能）」の考察を通しての「人間としての善」を規定することによって可能となると考えているのであろう。

ここで、「人間の固有の機能（エルゴン）」についてのアリストテレスの議論を辿っておくことにしよう。なお、ここではテキストの紹介を旨とし、そのくわしい解釈は第二章、第三章で行うことにする。

(1) 人間の固有の「機能（エルゴン）」について

ここで望まれているのは、幸福が何であるかをより明確にすることである。おそらくこうした明確化は、人間の「エルゴン（機能）」が把握されるならば達成されるだろう。なぜなら、笛吹きや彫刻家などすべての技術者にとって、また何であれ、一般に何か特定の機能と行為が属しているものにとって、「善」すなわち「よく」ということがそうした機能に認められると考えられるように、人間にとってもまた、もし何か人間としての機能というものがあるとすれば、同じようにそれに「善」すなわち「よく」を考えることができるからである。（第一巻第七章、1097b23~28）

「笛吹き」、「大工」、「靴職人」といった言葉は社会におけるその役割、機能を表す言葉であり、そのような役割・機能を立派に果たす人は「善き笛吹き」であり、「善き大工」である。また身体の部分である「眼」、「手」、「心臓」、「腎臓」といった器官にも、固有の機能があり、その能力と働きが存在している。

では、社会における職業や役割、あるいは人間の個々の器官がそれぞれ固有の機能をもつように、「人間」や「狼」といった存在者もその固有の機能をもっていると言うことができるだろうか。もしもっているとすれば、「人間として善き人」、「善き人間」とはどのような者であるかが規定され、そこから「幸福な人間」とはどのような人間であるかが明らかになろう。アリストテレスは「人間」や「狼」といった自然種にも固有の機能（エルゴン）が存在すると考えており、「機能からの議論（エルゴン・アーギュメント）」と呼ばれる説明を行っている。

(2)人間の機能としてのロゴス（理性）の働き

アリストテレスは、序章でも引用したように、「人間に固有な機能としてのロゴス（理性、分別）の働き」を、次のように取り出してくる。

生きていることは植物にも共通することが明らかである。しかし、われわれが求めているのは人間に固有の機能である。それゆえ、栄養的生や成長にかかわる生は除外されねばならない。次に来るのは感覚的な生ということになるが、これもまた馬や牛、その他すべての動物と共通の生である。すると残るのは、人間において「ロゴス（理性）」をそなえている部分によるある種の行為的生ということになる。（第一巻第七章、1097b33～1098a4）

このように、「人間固有な機能（エルゴン）」は魂（プシュケー）の「ロゴス（理性）」を有する「部分による行為的生」、すなわち、「ロゴスに即した（meta logou）魂の活動」ということになる。

(3)「幸福とは徳に基づく魂の理性的活動である」

続いて、アリストテレスは「人間の機能がロゴス（理性）に即した（meta logou）魂の活動である」ということから、「幸福とは徳（卓越性）に基づく（kata aretēn）魂の理性的活動である」ということを導いていく。たとえば、「竪琴奏者」の機能と「すぐれた（卓越した）竪琴奏者」の機能はその種類において同じである。そして、一般に「x」の機能と

「すぐれた（卓越した）x」の機能が種類において同じだとすれば、「ロゴスに即した魂の活動」という表現に関しても同様のことが言える。すなわち、卓越した（徳ある）人の「ロゴスに即した魂の活動」は卓越していない（徳のない）人の「ロゴスに即した魂の活動」よりもみごとな仕方でその活動を果たすことになる。それゆえ、「人間としての幸福とは徳に基づく（kata aretēn）ロゴスに即した（meta logou）魂の活動である」ということになる。

以上が私の解釈であり、私は「徳に基づく」と「ロゴスに即した」を区別して考えている（この点については第三章第2節で説明する）。しかし、「幸福」という概念は「ロゴス（理性）」を通して「普遍的に」規定されると解釈する人びとが多数存在する。この解釈を「普遍主義的解釈」と呼ぶとすれば、私は本書において一貫してこの「普遍主義的解釈」に反対し、「幸福」、「徳」の概念についての「内在主義的、個別主義的解釈」を取っている。これは解釈の大きな相違であり、この私の見解は第三章でくわしく述べることにしたい。

ここで指摘しておきたいのは、私のように「幸福」を「内在的、個別的」に解釈するならば、「幸福とは徳に基づく魂の理性的活動である」という命題における「幸福」を「包括的対象」として解することの意味は後退していくことになるということである。

第1節で述べたように、「幸福（エウダイモニア）」とは「エウダイモネイン」という動詞形をもち、特定の具体的な文脈において、「よく為している（eu prattein）」、「よく生きている（eu zēn）」という仕方で活動に基づいている。すなわち、特定の状況における幸福は、ある特定の徳に基づく魂の活動と同一なのである。言い換えれば、私は、「幸福」の「自足性」は幸福の「包括的解釈」によって与えられるのではなく、「幸福」が具体的文脈における特定の具体的活動において成立することに基づくと考えている。この問題は重要であり、第六章第3節において取り上げたい。

以上から、アリストテレスは「機能からの議論（エルゴン・アーギュメント）」を次のように締めくくる。

> もし徳が複数あるならば、人間としての善（幸福）とはそのなかの最善の、最も完全な徳に基づく魂の活動であるということになる。しかし、その活動には、「まっとうした人生において」という条件がさらにつけ加えられねばならない。というのは、一羽のつばめが春を告げるのでもなければ、一好日が春をもたらすのでもないからである。同様に、一日や短い時間で、人は至福にも幸福にもならないのである。（第一巻第七章、1098a17~20）

この引用の最初の文章については研究者の解釈が分かれているが、しかし、私は「エルゴン・アーギュメント」を通して導かれる「幸福とは徳に基づく魂の理性的活動である」という命題は、「実践活動」の徳のみならず「観想活動」の徳も含んでいると解釈する。それゆえ、「もし徳が複数あるならば、幸福（最高善）とはそのなかの最善の、最も完全な徳に基づく魂の活動である」という文章における「徳」についても、「実践活動」の徳と「観想活動」の徳を含んでいると解釈する。(7)

また、アリストテレスは「まっとうした人生において」という条件を付けている。幸福とは状態ではなく、活動である。しかし、ある時点で「幸福である」というのは充分ではない。「正しい行為」とは「その状況において、徳を備えた人が行うような行為」であり、そのような行為を為して徳ある人として生涯を生きる人が「幸福な人である」と言えるのである。

5　「幸福」の諸条件

ソクラテスにとっては、「徳」と「幸福」は同一であり、徳を備えた人はいかなる状況においても不幸にはなりえない。プラトンが『クリトン』や『パイドン』で見事に描いているように、ソクラテスはこのことを身をもって実証したと言える。
それに対してアリストテレスは、「徳」と「幸福」は同一だとは考えない。神ならぬ人間は有限者であり、身体をもつ存在である。したがって、徳をもっていても最大の苦難を受けたり、この上もない不運に見舞われたりすることが生じてくる。アリストテレスはソクラテスとは異なり、そのような人が幸福であるとは考えていない。その意味で、アリストテレスの「幸福」観は多くの人びとの見解と一致していると言える。

(1)幸福の不可欠な条件としての「徳に基づく魂の理性的活動」

アリストテレスは「徳」と「幸福」を同一視しないが、しかし、「徳に基づく魂の活動」が「幸福」であるための不可欠の条件であると考える。彼は、第七章で「人間のエルゴン」の考察を通して導出した「幸福とは徳に基づく魂の理性的活動である」という見解が「エンドクサ」、つまり人びとが抱いている定評ある見解と一致することを、続く第八章で示そうとする（第一巻第八章、1098b20～23）。また、最高善としての「幸福」が「状態（ヘクシス）」ではなく、「活動（エネルゲイア）」であることの理由を、次のように語っている。

なぜなら、「状態」は人に現にそなわっていても、たとえば眠っている人や、他の別の仕方でまったく不活発な人のように、まったく善をなし遂げないということがありうるが、しかし、「活動」にはそうしたことはありえないからである。すなわち、徳に基づく活動は、必然的に何かを為し、しかもそれをよく為すはずだからである。（第一巻第八章、1098b33~1099a3）

われわれは、この考察のはじめに、「幸福（エウダイモニア）」という言葉は「まっとうした人生」に対して適用されるとともに「善き行為」に対して適用されるということを指摘し、この両者を「どのように関係づけていけばよいのか」という問いを立てた。第1節の終わりで示したように、「幸福」を解明する場合、「徳ある人」という概念がキー概念であると言える。すなわち、「幸福」は、「徳ある人」が具体的な個々の状況で「行為する」、その行為に適用されるとともに、彼の「そのような活動の生涯」に対しても適用されるのである。この点を第二章以下で明らかにしていきたい。

(2)「魂にかかわる善」、「身体にかかわる善」、ならびに「外的な善」

以上のように、「魂」の卓越性である「徳に基づく活動」が「幸福」の不可欠の条件である。否、私の理解では、「幸福」とは具体的な文脈における特定の徳に基づく魂の理性的活動そのものである。同時に、この幸福が成立するには、「魂」のみならず、健康その他の「身体」の状態によって左右され、また社会生活のためにはある程度の富が必要であり、さらに家族や友人も必要である。われわれはそのような条件の下で、徳に基づく魂の活動を発揮しているのであり、それが人間の幸福であると言えよう。アリストテレスの言葉を引用しておこう。

（幸福な行為の）多くが、友人や富や政治権力を道具のように用いることによって行われる。また、欠けていると幸福を曇らせるようなものもある。たとえば、生まれの善さや子宝に恵まれること、容姿の美しさなどがそうである。容姿があまりにも醜かったり、生まれが賤しかったり、また孤独であったり、子どもがいなかったりすれば、人は幸福になりにくいのである。また子どもや友人がいてもその者たちが劣悪だとしたら、あるいは彼らが善い人物だとしても死んでしまうとしたなら、おそらく人は幸福にはなれないのである。（第一巻第八章、1099a33~b6）

第二章　人はどのようにして徳ある人へと成長するか

アリストテレスは第一巻で「幸福」の基本的な内容を規定し、続く第二巻（正確には第一巻第一三章）から第六巻で、その「幸福」を実現する魂の卓越性、つまり徳（アレテー）の考察を行っている。

本章の第1節では、「徳の教育」の根幹をなす「しつけ、訓練」についてのアリストテレスの見解を紹介し、第2節では、「徳」の指標としての「ヘドネー（快楽、よろこび）」と「カロン（美しさ、立派さ）」の概念の内容を考察する。そして第3節では、アリストテレスの「性格の徳」の定義のこころみ、いわゆる「中庸説」を紹介したい。

「徳」の考察にあたって、あらかじめ、使用するいくつかの基本的な用語の意味について述べておこう。まず、人間の魂が「ロゴスをもつ部分」と「ロゴスをもたない部分」に分けられる。ここで、「ロゴス（logos）」の訳として、「ことば」、「ことわり」、「理性」、「分別」、「道理」、「規則」等々が考えられるが、日本語の「理性」、「分別」は普通、心的能力を意味し、他方、「道理」、「規則」は心的能力によって捉えられる側の事態を表す。そこで、文脈によって、「理性（ロゴス）」、「道理（ロゴス）」といった表記を使うことにしよう。

この「理性（ロゴス）をもつ部分」と「理性（ロゴス）をもたない部分」は、明確な二元論的な区別ではない点に大きな特徴がある。アリストテレスは「理性（ロゴス）をもたない部分」のうち「欲求的な部分」を栄養摂取のような植物的な部分とは区別して、父親の言葉に従うように「道理（ロゴス）に耳を傾ける部分」として捉えている（第一巻第一三章、1103a3）。また「欲求（情念）」と「理性（ロゴス）」はわれわれの成長とともに展開していき、「欲求（情念）」には「理性（ロゴス）」の働きが浸透していくと捉えられている。この点はアリストテレスの「徳倫理学」を考える場合、重要である。

この魂の区別に応じて、「道理（ロゴス）に耳を傾ける部分」の徳は「エーティケー・アレテー（ēthikē aretē）」と呼ばれ、他方、「本来の意味で理性（ロゴス）をもつ部分」の徳は「ディアノエーティケー・アレテー（dianoētikē aretē）」として区別される。「エーティケー・アレテー」は「倫理的な徳」とも訳されるが、「エーティケー（倫理）」の基になっているのは「エートス（性格、人柄）」、つまり、「勇気がある」、「温厚である」、「臆病である」、「親切である」といった特性であり、本書では「エーティケー・アレテー」を「性格の徳」と訳すことにする。また、「ディアノエーティケー・アレテー」の具体例は「学問的知識」、「技術」、「思慮」、「知性」等であり、ここでは「思考の徳」と訳すことにしよう。

1　「徳の教育」の前提である「しつけ、訓練」
——「正しい感受性」の育成

プラトンの対話篇『メノン』の冒頭で、メノンは次のように尋ねている。

あなたは答えられますか、ソクラテス。人間の徳ははたして教えられうるものでしょうか。それとも教えられうるものではなく、訓練されるものでしょうか。それともまた、訓練しても学んでも得られるものではなくて、人間に徳が具わるのは、生まれつきの素質、ないしほかの何らかの仕方によるものでしょうか。（『メノン』70A. 藤澤令夫訳、『プラトン全集9』岩波書店）

これは古代ギリシアにおいて、古くから何度も繰り返されてきた問いのかたちであり、人びとは「徳は生得的なものか、それともしつけや訓練を通して備わるものか、それとも教室での教育を通して身につくようになるのか」と尋ねてきた。ソクラテスは「徳が何であるかを知らないうちは、徳が教えられるかどうか、知りえない」と答え、まず何よりも、「徳とは何か」を知る必要があることを強調する。

このソクラテスの理性主義に対して、アリストテレスははっきりと異なる道を取っている。序章で紹介したように、アリストテレスはソクラテスのような仕方で「徳とは何か」を尋ね、その定義を求めるのではなく、逆に「徳がどのようにして習得されるか」を問題にすることを通して「徳とは何か」に答えようとする。これはプラトンの『国家』第四巻で示唆されている見解であり、アリストテレスはそれを受け継いでいると言える。ただ、アリストテレスはこの徳の学習における魂の発達の初期段階により大きな注意を払っており、教室での徳の教育のためには、「聴講者の魂は習慣によってあらかじめ、美しい仕方でよろこび、かつ嫌うように準備されていなければならない」ことを強調する(1)（第一〇巻第九章、1179b24～26）。

また実践的知識を理論的知識から区別するアリストテレスにとって、肝心なのは「徳とは何か」を知ることではなく、「徳ある（善き）人」になることであり（第二巻第二章、

1103b27~28)、この徳ある人へ向けての成長にとって、まず「正しい感受性」を習得することが重要になってくる。第二巻第一章では、「性格の徳がどのようにして形成されていくか」に関する基本的論点が示されている。

「性格の徳」は習慣から形成されるのであり、「性格の（エーティケー ēthikē）」という呼び名もこの「習慣（エトス ethos）」から少し語形変化させてつくられたのである。

それゆえ、明らかにまた、「性格の徳」はいずれも自然によってわれわれにそなわるものではない。というのは、自然によって存在するものはどれも、他のあり方をするように習慣づけられることはできないからである。……

それゆえ、「性格の徳」がわれわれにそなわるのは、自然によってではなく、また自然に反してでもなく、われわれがそれらの徳を受け入れうる資質をもっているからであり、われわれは習慣を通じて完全なものになるのである。……

たとえば、人は家を建てることによって建築家になり、竪琴を弾くことによって竪琴奏者になるのである。これと同じように、われわれは正しいことを行うことによって正しい人になり、節制あることを行うことによって節制ある人になり、また勇気あることを行うことによって勇気ある人になるのである。（第二巻第一章、1103a17~b2）（傍点引用

者）

このように「同じような活動の反復」（第二巻第一章、1103b21）という道筋を通って何が正しいかを学び知るのであり、アリストテレスは、行為が「認識論的な作用」をもっていることを指摘し、次のように忠告している。

そのような行為を為さなければ、だれも善き人になることはできないだろう。それなのに、多くの人びとは、こうした行為を行うことなく、議論に逃げ込み、議論することが哲学することであり、議論によってすぐれた人間になれると思いこんでいる。（第二巻第四章、1105b11〜14）

アリストテレスは、ここで、はっきりとしたかたちで、「徳は知なり」とするソクラテスの理性主義に立ち向かっていると言える。だがもちろん、彼は反理性主義を取っているわけではなく、ただソクラテスとは異なり、「徳」の普遍的な定義を求めるというかたちで、「徳」を規定することはできないと考えているのである。おそらく、アリストテレスは「徳ある人」とはどのような人物かについて、ソクラテスのみならず、多くのギリシア人と一致していたと思われる（第一巻第八章）。重要なのは、その「徳ある人」がどのようにして成立するかである。そのためには、幼児期において「正しい感受性」をもつようにしつけておく必要があり、「正しい法」のもとで育てられなければならないと考える（第一〇巻第九章、1179b31〜1180a4参照）。

では、アリストテレスは具体的にどのような「法」を考えているのだろうか。第五巻第一章からその例を取り出してみよう。

法は、たとえば、戦列を離れたり、逃走したり、武器を投げ捨てたりしないよう、勇気ある人の行為を命じ、また姦通したり、乱暴をはたらいたりしないよう、節制ある人の行為を命じ、さらに人を殴ったり、罵ったりしないよう、温和な人の行為を命じる。（第五巻第一章、1129b19〜23）

モーセの十戒が「盗むなかれ、姦淫するなかれ」といった行為の禁止であるように、ここに挙げられている事例のほとんどは行為の禁止である。また幼児教育に関係があるとは言えないものが多いが、しかしともかく、どの社会においても、その構成員が守るべき行為を各家庭において子供に教え込んでいると言えよう。たとえば、他人のものを盗むとか、嘘をつくとか、あるいは弱い者をいじめるといった行為はきびしく禁止され、違反した場合には罰せられる。この訓練の方法は犬や猫をしつける場合と同じである。動物が指示に従わないときには、われわれはただちに怒ったり、ぶったりして指示に従うように導いていくのであり、「ムチとアメ」は幼児と動物をしつける場合の有効な手段である。

しかしここで注目したいのは、アリストテレスが子供を「徳ある人」へと導く方法として、以上の「罪と罰」とは異なる方法を挙げていることである（第一〇巻第九章）。「正しい感受性」を身につけた、あるいは身につけつつある若者は、時には、感情のままに生きることで過ちを犯すことになる。しかし、その過ちに対する「恥の意識」を通して「不名誉に対する恐れの意識」をもつようになっていく。アリストテレスは、この「恥の意識」を通して子供を「徳」に導く方法は「罰」によるやり方より優れた方法であると考えている（第四巻第九章）。

2　「快楽、よろこび（hēdus）」と「美しさ、立派さ（kalon）」
――「美しさ」を認めた行為を遂行することの「よろこび」

ここで第二巻第三章に目を向けることにしよう。

選択の対象となるものは三つあり、また忌避の対象となるものも三つある。前者は美しいもの（kalon）、有益なもの（sumpheron）、快いもの（hedus）であり、後者はそれらと反対のもの、つまり醜いもの、有害なもの、苦しいものであり、これらのいずれについても、善き人は適切な対応のできる人である。（第二巻第三章、1104b30~33）（傍点引用者）

このように、行為を美しいと捉え、またその行為を有益だと考えて、その行為によろこびを感じること、これが、幼児が「正しい感受性」をもつようしつけられていく場合の、三つの独立した指標である。ここでは、「快楽（よろこび）」と「美しさ（立派さ）」を取り上げることにしよう。

(1) 快楽、よろこび（hēdonē, hēdus）と行為（praxis）

快楽の追求は動物としての人間の基本的な営みである。しかし、それとともに、徳ある行為を習得していき、それが「第二の自然」になることによって、人びとは徳ある行為をそれ自体としてよろこぶことができるようになる。「快楽」と「行為」の関係について述べた箇所を第二巻から引用してみよう。

行為に伴って生じる快楽や苦痛は人間の性格の性向を示す指標と見なすべきである。なぜなら、肉体的な快楽を差し控え、それによろこびを感じる人は節制ある人であり、それを嫌がる人は放埒な人だからである。また恐ろしいことを耐え忍び、それによろこびを感じる人、あるいは少なくとも苦痛を感じない人は勇気ある人であり、苦痛を覚える人は臆病な人である。つまり、「性格の徳」は、快楽や苦痛にかかわるのである。

……

したがって、プラトンが主張するように、よろこぶべきものをよろこび、苦しむべきものを苦しむようにわれわれは若い頃から何らかの仕方で指導される必要があり、それこそが正しい教育なのである。（第二巻第三章、1104b3~13）

このように、「快楽」、「よろこび」は、テニスをすることや、読書をすること、あるいは親切な行為、勇気ある行為といった活動に伴うものである。

ところで、アリストテレスは『ニコマコス倫理学』第七巻第一一章から第一四章と、第一〇巻第一章から第五章において、快楽についてくわしい考察を行っている。第七巻の議論は『エウデモス倫理学』と共通する部分が多く、当時アカデメイアで行われていた論争に対する論評のように思われる。他方、第一〇巻は、アリストテレスが次の第六章以下で展開していく自己の「幸福」論に向けて、自身の快楽についての見解を明らかにしたものと見ることができる。そこで、この第一〇巻の議論を紹介し、「快楽」と「活動」についてのアリストテレスの見解を取り出しておこう。

まず、第一〇巻第一章では次のように述べられている。

性格の徳とも関係することであるが、喜ぶべきものを喜び、嫌うべきものを嫌うことが最も重要なことであると考えられる。というのは、快楽と苦痛は、われわれの人生全体を貫いており、徳と幸福な生き方にとって決定的な意義と力をもつからである。(第一〇巻第一章、1172a21~25)

哲学の歴史においては、一九世紀の功利主義のように、「快楽は活動の結果得られる感情もしくは感覚である」という見解がよく知られている。快楽は計量可能であり、二つの快楽のどちらが大きいかを計ることができる。そこで、われわれの活動の価値は、この快楽という実体をいかに多く生み出すかによって決められると主張されてきた。アリストテレスの快楽論はそれとはまったく対立する見解である。

アリストテレスによれば、快楽はさまざまな活動に伴い、またそれぞれの活動の相違に応じてその快楽は質的に異なってくる。詩を読むことによって得られる快楽を、幾何学を考えることによって得られる快楽と置き換えることはできない。その上で、アリストテレスは「快楽はその活動を完全なものにする」と主張し、その事情を次のように述べている。

なぜなら、活動はそれ固有の快楽によって高められるからである。事実、快楽とともに活動する人たちは、各自のそれぞれの分野の仕事をいっそうよく判断し、いっそう正確に扱うのである。たとえば、幾何学の研究によろこびを覚える人たちは幾何学者になり、幾何学の問題のそれぞれをいっそうよく理解するのである。同様にして音楽の愛好者も、建築の愛好者も、その他それぞれの分野の愛好者たちも、自分たちに固有の仕事によろこびを覚えることによって、その仕事に上達するのである。（第一〇巻第五章、1175a30~35）

そして、『ニコマコス倫理学』の目的である「完全な幸福」を論じる直前の、第一〇巻第五章の最後の箇所において、「活動」と「快楽」の関係を次のように述べている。

それゆえ、完全で至福な人の活動が一つあるにせよ、複数あるにせよ、そうした活動を完全なものにする快楽こそ、第一義的に、「人間の快楽」と呼ばれうるものである。そして他のさまざまな快楽は、それらに対応する活動の種類に応じて、第二義的に、あるいはまた、はるかに劣った仕方で、「人間の快楽」と呼ばれうるのである。（第一〇巻第五章、1176a26~29）

以上のように、功利主義の快楽論が快楽を受動的な感覚状態と捉えるのに対して、アリストテレスは、快楽は能動的活動に、その活動から切り離せないかたちで結びついていると考える。そして、快楽はその活動を完全なものにすると主張する。この「快楽」観が第一〇巻で「観想的な徳に基づく活動」を「完全な幸福」と捉えるアリストテレスの見解を支えていると言える。

(2)「美しさ、立派さ（kalon）」の観念と「行為の選択（proairesis）」

快楽は自然的欲求の充足において生じる快楽にはじまり、徳ある行為の遂行の「よろこび」に至るまで、きわめて広い幅と深さをもつ概念である。それと同様に、「カロン

（kalon）」というギリシア語は「美しい、見事な、立派な」といった意味をもつ、大きな広がりをもつ概念であり、また、しつけ、訓練、体験を通してその概念は深められていく。この点は美術や音楽といった芸術の事例を考えてみれば明らかである。

徳に基づく行為は美しく、また美しいことのために為される。だから、気前のよい人もまた、美しいことのために適正にものを与えるのである。なぜなら、気前のよい人は、しかるべき人びとに、しかるべき額を、しかるべきときに……与えるはずだからである。

（第四巻第一章、1120a23〜26）

勇気、節制、親切、等々の行為に共通しているのは、それらがすべて美しく、立派であるということであり、それを「美しい、立派な行為」と感知するから、それを為すのであり、またそれゆえに、その行為に「よろこび」を感じるのである。したがって、「美しい、立派なもの」を見抜く能力とそれを「よろこぶ」能力は「性格の徳」を習得したかどうかの一つの指標であると言えよう。

この点をもう少しくわしく考えてみよう。われわれはこの第二章のはじめにおいて、アリストテレスが「情念」や「欲求」を、父親の言葉に従うように、「道理（ロゴス）」に耳を傾ける部分」として捉えていることを紹介した。ここで、アリストテレスが「道理（ロゴス）に耳を傾ける」と言う場合に意味しているのは、われわれが遭遇する状況を正しく把握することによって、「どう行為するのが善いか」を決断するということである。たとえば、友人が困っているのを見て助けようとする場合、この行為者は、功利主義のように「最大幸福の原理」を適用して行為を決定しているわけではないし、またカントのいう意味での「定言的命法」を通して行為を決断したわけでもない。

先に引用したように、アリストテレスは「徳に基づく行為は美しく、また美しいことのために為されるものである」（1120a23~24）と述べているが、行為者は最終的に、自己が為そうとする行為をカロン（美しい、立派な）と認めるから行為するのであると考えている。このように、「カロン（美しい、立派な）」という概念は「勇気」、「節制」等々の「性格の徳」と並ぶ概念ではなく、「性格の徳」のすべてに共通する特性であり、具体的な状況において、「性格の徳」の遂行をうながす働きをもっている。またこの「カロン（美しい、立派な）」という判断の背景には、本章でこれまで説明してきた、幼児期以来の「徳の価値空間」のなかでのしつけや訓練が存在していると言えよう。なお「カロン（美しい、立派な）」の概念と個々の徳との関係については、第五章第2節であらためて考察したい。

3　「性格の徳」の定義のこころみ——中庸説について

「人はどのようにして徳ある人へと成長するか」を説明するとともに、アリストテレスは第二巻の第五章、第六章において「性格の徳」の定義を与えているが、この「徳」の規定は、一応、アリストテレスの有名な「類と種差」による定義のかたちを取っている。すなわち、「人間」を定義するのに、「動物」というその類に種差である「理性的」を加えて、「人間とは理性的動物である」というかたちを取る定義である。

まず、徳の「類」の候補として「情念（パトス）」、「能力（デュナミス）」、「性向（ヘクシス）」が挙げられ、そのうちで、「情念」と「能力」は「徳」の類にはなりえないことが示される。第一に、「情念」とは「欲望、怒り、恐れ、自信、ねたみ、よろこび、愛、憎しみ、憧れ、羨望、憐れみ、などの感情」（第二巻第五章、1105b21-23）であるが、これらの情念において、われわれは「動かされている（キネースタイ）」のであり、「怒ったり」、「恐れたり」する情念をもつこと自体は、「徳」や「悪徳」とは異なり、賞賛したり、非難したりする対象にはなりえない。第二に、賞賛や非難の対象になりうるためには「行為選択」という要因を含む必要があるが、「情念」や「能力（デュナミス）」にはそれが欠けている。「能力」、たとえば、医術の知識は病気を治す能力をもつが、同時に病気を作り出す能力をもっている。すなわち、「能力」は正反両方にかかわるのであり、したがって、「能力」は行為選択の機能をはたしえないと言える。

それゆえ、「性格の徳」を規定する場合、その「類」に当たるのは、「情念」や「能力」ではなく、情念や行為にかかわる「性向」である。すなわち、「性格の徳」とは「情念や行為に対して正しい仕方で対応する性向である」ということになる。またその場合の「性向」とは、生得的、自然的な性向ではなく、しつけや訓練を通して獲得された性向、つまり「第二の自然」である。そこで、「徳」は次のように規定されることになる。

> 徳とは「選択にかかわる性格の性向（ヘクシス・プロアイレティケー）」であり、①その本質はわれわれとの関係における「メソテース（中庸、中間）」にあるということになる。②その場合の中庸（中間）とは、「道理（ロゴス）」によって、しかも思慮ある人が中庸（中間）を規定するのに用いる「道理」によって定められるものである。③すなわちそれは、二つの悪徳の、つまり過剰に基づく悪徳と不足に基づく悪徳との間における中庸（中間）なのである。（第二巻第六章、1106b36~1107a3）（数字は引用者の挿入）

①、②、③の規定をどのように解釈すればよいのであろうか。この徳の規定は古くから「中庸説」と名づけられ、アリストテレスの「徳倫理学」の中心を占める扱いを受けてきた。

中庸説がどのような考え方から導かれたのかについては諸説があり、たとえば、その原型はデルポイの神殿に掲げられている「度を過ごすなかれ」という古くからの諺に示された道徳訓にあるという説がある。また、中庸説は医術から取られてきたという解釈もある。健康は食物の取り過ぎによっても食物の不足によっても損なわれ、また運動のしすぎによっても運動不足によっても損なわれる。それゆえ、適量の食物、適量の運動こそが健康を保持、増進するものであるという考え方である。「徳」と「悪徳」もこれと同じように、情念と行動に関して「過剰」と「不足」から「悪徳」が生じ、その「中間（中庸）」から「徳」が生じてくると捉えられているのである。

ただ、本章の第1節で強調したように、アリストテレスは「徳」の定義をこころみるソクラテスの理性主義に対して、「徳がどのように教えられ、習得されるか」を通して「徳とは何か」を捉えようとしている。したがって、アリストテレスの「徳」の規定は、「人間とは理性的動物である」といった定義とは異なり、「一義的な規準」として意図されたものではないということを承知しておく必要がある。これは『ニコマコス倫理学』第一巻

第三章、第二巻第二章において強調されている論点であり、医術や航海術を具体的に適用する人びとが為すように、「行為する人びとがそのつど自分自身で、個別状況に適したものが何であるかを考えなくてはならないのである」(第二巻第二章、1104a8~10)。アリストテレスが個々の徳について、「中庸」を取り出す具体的な説明はきわめて多様である。

そこで、上記の三つの規定を解釈するにあたって、まず③の規定を取り上げることにしよう。この「(徳とは)過剰に基づく悪徳と不足に基づく悪徳との間における中庸(中間)である」という規定は①と②の規定の帰結を述べたものであると言える。ここで、この③の規定が文字通り成立する事例を第二巻第七章から選んで取り出し、図式化してみよう(表1)。

	過剰	中庸	不足
恐れ	臆病	勇気	無謀
快	放埒	節制	無感覚
怒り	怒りっぽさ	温厚	無感情
羞恥	恥ずかしがり	恥を知る	恥知らず

表1

「勇気」、「節制」、「温厚」、「恥を知る」といった徳はいずれも「情念」に関係しており、「過剰、中庸(中間)、不足」という情念の量(程度)が成り立つ典型的な事例である。しかし、この場合においても、数学的概念とは異なり、たとえば、「勇気」にかかわる情念としての「恐れ」の程度がどのくらいであれば、それが「無謀」となり、あるいは「臆病」となるかは、状況によって異なると言える。

他方、「正義」、「正直」、「友愛」の場合、これらの徳に対応する「情念」を挙げることは不可能である。「正直」や「正義」の徳の場合、「情念」ではなく「行為」に関わるものであり、その場合、「過剰、中庸（中間）、不足」という「量による分類」がむずかしく、その意味における「中間（中庸）」の概念は成立しなくなってくる。先に、「徳」の規定のうちまず③の規定を取り上げたが、それはこの規定が、「情念」の量による規定が成り立つ、分かりやすい説明だからである。

アリストテレスは「性格の徳」を捉えるものとしては①と②が本質的な規定であると考えており、①と②は一体化したものであるが、核心部分は②の規定、すなわち、「中庸（中間）とは、道理（ロゴス）によって、しかも思慮ある人が中庸（中間）を規定するのに用いる道理によって定められるものである」という規定である。ここで、アリストテレスは「性格の徳」を（思考の徳である）「思慮」との関係を通して規定しており、この「思慮」を「思慮ある人の判断」を通して捉えている。

私は、この②の規定は『ニコマコス倫理学』全体の思想の核心を表現するものであると考える。しかし、この規定は「性格の徳」と「思慮」との関係を含むきわめて大きな問題であり、これについては章を改めて、第三章「性格の徳と思慮との関係」でくわしく紹介することにしたい。ここでは①「徳の本質はわれわれとの関係における中庸（中間）にある」を取り上げ、簡単に説明して、この第二章を終えることにしよう。

ここでの「われわれとの関係における中庸」とは、「中庸」の概念が「行為の主体に相関的に決まってくる」という意味として解釈される。たとえば、運動選手にとっての適切な食事の量と普通の人びとにとっての適切な食事の量とは当然異なってくる。すなわち、中庸（中間）の普遍的な尺度は存在しないのであって、行為者に相関的な仕方で「中庸（中間）」は規定されると解釈される。

しかし、私はその解釈をさらに一歩進める必要があると考える。「中庸（中間）」は「行為者」に相関的であるだけではなく、様々な意味で、「行為者が置かれた状況」に相関的であることを示している。すなわち、①の規定は「行為者が置かれた状況によって、その状況における中庸が決まってくること」を意味していると解釈すべきであるように思われる。第二巻第六章で、中庸説は次のように述べられている。

「性格の徳」は情念と行為にかかわるものである。そして、情念や行為には過剰と不足、中間ということが認められている。たとえば、恐れること、大胆であること、欲求すること、怒ること、憐れむこと、一般に快楽を覚えたり、苦痛を感じたりすることには、多すぎることや少なすぎることが認められるのであって、どちらの場合もよくないのである。けれども「しかるべき時に」、「しかるべきものについて」、「しかるべき人びとに対して」、「しかるべき目的のために」、「しかるべき仕方で」こうした情念を感じることは、中間の最善の状態によるのであり、これこそまさに徳に固有なことなのである。
（第二巻第六章、1106b16~23）

上で指摘したように、「正義」、「正直」、「友愛」等の「性格の徳」は、「情念」に関する規定ではなく、直接、「思慮」による「行為」の規定である。したがって、引用文の意味は、われわれが直面する状況において、「何を為すべきか、何をするのが善いか」は、そこで繰り返される「しかるべき」という言葉が示す内容によって規定されるということができる。そして、この「しかるべき」とは、②の命題における「思慮ある人（プロニモス）が中庸を規定するのに用いる道理（ロゴス）によって定められるもの」ということになる。

この問題については、次の第三章でくわしく検討したい。

第三章　性格の徳と思慮との関係

序章や第一章でも述べたように、アリストテレスはプラトンの超越的な「善のイデア」を退け、「エンドクサ」、すなわち「人びとが抱いている定評ある見解」を吟味することを通して「幸福」ならびに「徳」の概念を考察している。このアリストテレスの立場を「内在主義」と呼び、この立場を明らかにするために、「ノイラートの船」という比喩を導入することにしよう(1)。

ウィーン学団の指導者オットー・ノイラート（一八八二～一九四五）は、「知識の体系」を大海原で修理を必要とする船に喩え、「われわれは自分たちの船をいったんドッグに入れて解体し、最上の部品を用いて新たに建造することはできず、海上でそれを改造しなければならない船乗りのようなものである」と述べている(2)。われわれは「知」のゆるやかな体系を、それに頼りながら少しずつ改良していくことはできる。しかし、それから離れて概念化されていない実在との比較をおこなうことは不可能である。デカルト以来、近世哲学が求めてきた「知の普遍的な基礎づけ」は大きな幻想であったと言うことができる。

「エンドクサ」の吟味を通して「幸福」を追求するアリストテレスは、過去から受け継いできた「徳の価値空間」という「ノイラートの船」に乗っており、倫理的価値(徳)を「内在的に」追求している。

しかし、二〇世紀後半以降の『ニコマコス倫理学』研究においては、カントと同様な意味で道徳判断の普遍性を主張する解釈が数多く見られる。この解釈を「普遍主義」と呼ぶとすれば、この普遍主義に対して、私は行為を問題にする場合普遍性は成り立ちがたく、具体的な状況を考慮する「個別主義」、「内在主義」が『ニコマコス倫理学』の思想を正しく捉える道だと考える(3)。

本章の課題は、『ニコマコス倫理学』第一巻から第六巻において論じられている「徳倫理学」の構造を紹介することにある。その際、私は何よりも「性格の徳(エーティケー・アレテー)」と「思慮(プロネーシス)」との関係を正しく理解することが重要だと考える。「勇気」、「節制」、「正義」といった「性格の徳」はよく知られているが、そのような「性格の徳」を示す行為を遂行する場合、そこに必ず「思慮」が働いているとアリストテレスは主張する。そこでまず、「思慮」の機能を把握する必要があるが、「思慮」の概念は『ニコマコス倫理学』の中心概念のひとつであって複雑であり、しかも二〇世紀後半以降の研究においては普遍主義的な捉え方が支配的であることから、アリストテレスの「思慮」の概念は歪められてきているように思われる。

そこで、第1節では、カントの「定言的命法」とアリストテレスの「思慮ある人の実践的推論」を対比し、従来なされてきた「思慮」ならびに「実践的推論」の解釈を批判し、アリストテレスの「思慮」がカントの「理性」とはその機能を大きく異にしていることを明らかにしたい。この作業は『ニコマコス倫理学』の思想の紹介にとって脇道に見えるかもしれないが、しかし、私はこの作業を通してはじめて『ニコマコス倫理学』の中心概念である「性格の徳」と「思慮」の正しい姿が捉えられると考えている。

その上で第2節において、「性格の徳」と「思慮」がわれわれの幼児期からの経験の中でどのように成立していくかを考察し、「性格の徳」と「思慮」とがいかなる関係にあるのかを示したい。

1　「思慮の働き」と「実践的推論」

⑴実践的推論を演繹的推論に同化すべきではない

アリストテレスは人間のみならず、他の動物にも意志や意図を認めている。猫が小鳥を注視しつつ忍び寄って行く場合、われわれは「猫は小鳥を捉えようとしている」と語る。しかし、人間の場合、振る舞いとそれが目指す目的の関係は、動物の場合のように直接的ではなく、時間的にも、空間的にも遠く広がっていき、その目的もさまざまな視点からそれを捉えることができる。もちろん、それは人間に言語を介した思考能力があるためである。

人間の振る舞いとその目的とを関係づけるのが、アリストテレスが「思案（bouleusis）」と呼ぶ働きであり、それを通して行為「選択（proairesis）」が成立する。この行為「選択」に向けての「思案」の作用を実践的推論と呼ぶとすれば、アリストテレスはこの推論に、演繹的推論の場合と同じ「シュロギスモス（syllogismos）、三段論法」（第六章第一二章、1144a31）という言葉を使っている。また実践的推論を妥当な演繹的結論を導くものであるかのように語っている箇所もあり、他方それ以外のタイプの実践的推論の事例を挙げて論じている箇所もある。とくに『ニコマコス倫理学』第六巻、第七巻において、思慮と実践的推論の構造に関して、アリストテレスが論じている議論については、様々に異なる解釈の余地を残している。なお、この問題については次の第四章でも扱うことにする。

さて二〇世紀の半ば以降の研究において、この実践的推論は大きく二つのタイプに分けられるようになる。すなわち、「目的―手段」型の推論と思慮がかかわる推論との区別である。「目的―手段」型の推論とは、目的を前提した上で、その目的を実現する手段の選択にかかわる推論であり、医術や大工術のような技術知と結びつく行為に関する推論はこのタイプに属する。

他方、思慮がかかわる推論とは、手段ではなく、目的そのものにかかわる推論、つまり、倫理的な事柄について「ここで何を為すのが最も善いか」を導く推論である。多くの研究者はこの思慮がかかわる推論を「普遍的な規範」を「個別的事例」に適用する推論、すなわち、「規範―事例」型の推論と捉えている(4)。

しかし、私は思慮がかかわる推論を「規範―事例」型の推論と捉えることには大きな問題があると考える。この解釈は、『ニコマコス倫理学』第六巻第五章から第一三章で示されているアリストテレスの「思慮」の把握と明らかに矛盾するように思われる。

まず、アリストテレス自身が「思慮」をどのように捉えているか、それを確認しておこう。アリストテレスは次のように述べている。

「思慮（プロネーシス）」については、われわれがどのような人を「思慮ある人（プロニモス）」と呼んでいるかを考察することによって、把握することができるだろう。……思慮ある人の特徴は、自分自身にとって善いもの、役に立つものについて正しく思案をめぐらしうることであり、それも、特殊なこと、たとえば、健康のために、あるいは体力をつけるためには、どのようなものが善いものなのかといった仕方で部分的に考えるのではなくて、まさに「よく生きること（エウ・ゼーン）」全体のためには、いかなることが善いかを考えることである。このことの証拠は、われわれが「思慮ある人」と呼ぶのは、その人が技術のかかわらない領域において、何らかの立派な目的のために分別を正しくめぐらす場合である、という事実である。したがって、人生の全般にわたって思案する能力を備えた者が、思慮ある人ということになる。（第六巻第五章、1140a24–30）（傍点引用者）

この箇所で、第一に、「思慮」は医術や大工術といった技術知のかかわらない領域において、「よく生きること全体のために、何が善いか」を思案する能力として捉えられている。第二に、アリストテレスは「思慮」の概念を「思慮ある人」の概念を通して捉えているが、「思慮ある人」はつねに具体的な文脈のなかで状況を正しく捉え、行為する人物である。私は、これが「思慮」、「思慮ある人」の最も基本的な特性であると考える。

それに対して、実践的推論を「規範―事例」型の推論と捉える人びとは、右に示した「思慮」の概念とは異なる把握を示している。彼らは、実践的推論の大前提を、具体的な文脈から独立に「思慮」を通して捉えられる普遍的道徳判断として把握し、小前提はその大前提の具体的な適用事例として捉えている。それゆえ、実践的推論は演繹的推論に類似した推論になってくる。

私は以下において、実践的推論を「規範―事例」型の推論と捉えるのは誤りであることを明らかにし、それに代わる解釈を「思慮ある人の実践的推論」として提示したい。

まずここで、「思慮」がかかわる実践的推論は演繹的推論とは大きく異なるものであることを強調しておこう。そのために演繹的推論の特徴を確認しておきたい。たとえば、次のような推論である。

大前提　すべての動物は死ぬ。
小前提　すべての人間は動物である。

結　論　すべての人間は死ぬ。

「すべての動物は死ぬ」という大前提命題は小前提からまったく独立に主張できる普遍的命題、つまり全称的判断である。また前提と結論のあいだの必然的な関係はそこに登場する「動物」や「人間」といった概念内容には依存しない、純粋に形式的な関係である。他方、実践的推論はこの形式的な関係を扱う演繹的推論とは大きく異なっている。アリストテレスは実践的推論がかかわる行為の特徴を次のように語っているが、彼の実践的推論についての議論はこの見解に基づいていると私は解釈する。

行為にかかわる事柄も、利益になる事柄も、ちょうど健康に関する事柄と同じく、何ら確定したものはもたないのである。しかも、一般的な説明がそのようなものであるなら、個別的な事柄に関する説明はなおさら厳密さに欠けることになる。なぜなら、個別的な事柄というのは、いかなる技術や一般的教訓の範囲にも入らず、医術や航海術の場合がそうであるように、実際に行為する人たちがそのつど個別の状況に適したことを考えなくてはならないからである。（第二巻第二章、1104a3~10）

たとえば、「友人を助ける行為は善き行為である」といった道徳判断はどのような場合にも成立する「普遍的判断」にはなりえない。というのは、この判断は、友人が困っている「或る状況において」はじめて成立する判断だからである。友人が困っていても、別の状況においては、友人を助ける行為よりもより優先すべき行為が考えられるからである。そこに、具体的な状況においてのみ真偽が問題になる実践的判断の特徴がある。

(2) カントの「定言的命法」とアリストテレスの「思慮ある人の実践的推論」

どうして現代の研究者たちは「規範―事例」型の推論をアリストテレスと結びつけるのであろうか。その大きな理由は、「規範―事例」型の説明が行為の正当化に端的に繋がっており、また次の第四章で取り上げるように、アリストテレス自身が、第七巻第三章において、実践的推論を「規範―事例」型の推論のように提示していることによっている。アリストテレスの「実践的推論」についての見解は必ずしも一貫していないのである。しかし私は本章において、第六巻第五章以下で展開される「思慮の働き」の視点から「実践的推論」の特徴を取り出し、それが「実践的推論」の正しい構造であると主張したい。

ところではじめに述べたように、私は、現代の「規範―事例」型の推論解釈にはカントの道徳哲学の影響が強く働いていると考える。そこで、カントの定言的命法（道徳法則）

の思想を紹介し、カントとアリストテレスの見解の類似点と相違点を取り出してみたい。

まず、古代のアリストテレスと近世のカントの思考の枠組みの相違を振り返っておこう。第二章までに紹介してきたように、アリストテレスの倫理学においては、「思慮ある人」、「徳ある人」がその中心を演じている。「正しい行為」とは、思慮ある人が具体的な状況に直面した場合、その状況を把握し実行する行為である。「行為の正しさ」の基準は思慮ある人にある。他方、近世のカントにとって、「正しい行為」を考える場合、「思慮ある人」、「徳ある人」が介在する余地はない。「正しい行為」は「正しい行為の原則」から、つまり「定言的命法」から導出されることになる。

ところで先に述べたように、「規範―事例」型の推論解釈では、大前提には、具体的文脈から独立に捉えられる「普遍的な道徳判断」が掲げられ、小前提はこの大前提の具体的な適用事例とされて、結論の行為の導出が説明されている。しかし、この説明の中には「思慮ある人」も登場しないし、「思慮ある人」がその能力を発揮する具体的文脈への言及もない。

カント倫理学は近世思想を代表するものであり、この新しい時代の思想には「徳ある人」、「思慮ある人」に代わって「正しい行為の原則」が登場する。しかし、アリストテレス倫理学がこのカント的思想を介して解釈されるならば、「徳倫理学」のもつ真の意義は歪められてしまうことになると私は考える。

以下、カントとアリストテレスの見解を具体的に見ていこう。

①カントの『道徳形而上学の基礎づけ』は「世界の中のどこであろうと、無制限に善いと見なされるものがあるとすれば、それは善意志（ein guter Wille）よりほかにはまったく考えることができない（5）」という印象深い文章ではじまる。この無制限に善いとみなされる「善意志（によって規定される価値）」が「道徳的価値」である。カントは「善意志」をそれ以外のほかの価値、たとえば、アリストテレスの「徳」である「勇気、決断力、根気といった気質」、あるいは「権力、財産、名誉、健康といった価値」からはっきりと区別する。

では、この「善意志」とは何であろうか。カントはそれを「義務」の概念、すなわち、「義務に基づく（aus Pflicht）」という概念を通して取り出していく。

われわれは一般に慈愛心に満ちた行為を典型的な道徳的行為と見なしているが、しかしカントによれば、それは「義務に適う（pflichtmäßig）」行為だとしても、「義務に基づく」行為ではありえない。なぜなら、慈愛からの行為は、自己愛からの行為と同様に「傾向性」に基づく行為だからである。ここに、アリストテレスとカントの「道徳」に対する見方の相違がはっきりと示されている。第二章第3節で紹介したように、アリストテレスは「徳」を規定する際、その「類」として「情念や行為にかかわる性向（傾向性）」を挙げ、その上に「徳」の概念を規定しているが、他方、カントはそのような人間の「傾向性」の領域のうちに「道徳」を位置づけることを退け、道徳を理性の「超越論的」働きを通して規定しようとする。

②それでは、「義務に基づく」行為はどのように規定されるのであろうか。カントは「自然の事物はすべて法則に従って働く。ひとり理性的存在者のみが法則の表象に従って行為する能力を、つまり意志を有する」[6]と語る。すなわち、理性的存在者がもつ自由意志とは「自律」であり、それは「道徳法則」の規則に従って行為する能力である。では、「道徳法則」とは何であろうか。自然法則が自然現象に対して普遍的に成立するように、道徳法則は特定の個人にのみ妥当するものではなく、すべての人間に、いやすべての理性的存在者に妥当する普遍性をもたなければならない。これが、カントが道徳原理として掲げる「定言的命法（der kategorische Imperativ）」である。正確に紹介すれば、「あなたの意志の格率（Maxime）が常に同時に普遍的立法の原理として妥当しうるように行為せよ」[7]という命法である。

このカントの見解がどの点でアリストテレスの見解と一致し、どの点で分かれていくかを取り出しておきたい。そのために、ここで、カントが挙げる「条件的命法（der hypothetische Imperativ）」を紹介しておこう。たとえば、「歳をとって楽をしたければ若いうちに働け」とか、あるいは「試験に合格したければ、勉強せよ」といった命法は条件的命法であって、前件を望まない者にとっては後件の「行為の命法」は成立しない。換言すれば、この条件的命法においては、まず動機・意志があって、それを実現する行為を命じる命法が成立する。

アリストテレスも、カントと同様に道徳的行為に関して、「ここで何を為すべきか」は客観的に決まっており、そこに真偽の問題が成立すると考える。すなわち、道徳判断は行為者の先行する意志に依存する条件的命法ではなく、定言的命法であると考えているのである。アリストテレスはそれを次のように述べている。

> 思考の働きにおける肯定と否定にあたるものは、欲求の働きにおける追求と忌避である。また、性格の徳は選択にかかわる性向であり、選択は思案に基づく欲求であるから、選択がすぐれたものであるためには、道理（ロゴス）は真なるものであり、欲求は正しいものでなければならず、道理が肯定するものを欲求は追求しなければならない。
> ……行為にかかわる思考的なものの機能（エルゴン）とは正しい欲求に一致している

真理を捉えることにある。（第六巻第二章、1139a21~31）（傍点引用者）

この最後の文章において、アリストテレスは、思慮の機能は具体的な状況で「正しい欲求」が何かを把握することであり、それが「真理」を捉えることであると主張している。

③しかし、その道徳判断はカントの場合とは大きく異なっている。カントは「ここで何をすべきか」は「時と場所を超越してすべての理性的存在者に対して妥当する普遍的法則命題」から導出されると考える。それに対して、アリストテレスは先に紹介した第二巻第二章（1104a3~10）の文章が示すように、行為に関して普遍的な主張をすることは不可能であると考えている。アリストテレスにとっては、「何をすべきか」は必ず具体的文脈の中で決まってくる。したがって、「正しい欲求に一致している真理」という表現における「正しい欲求」とは「この状況における正しい欲求」という意味である。

では、「正しい欲求に一致している真理」とはどのようにして捉えられるのであろうか。「優れて善き人（スプウダイオス）」という言葉は『ニコマコス倫理学』で最も頻繁に登場する表現であり、それに次いで「思慮ある人（プロニモス）」という言葉が多く用いられている。またアリストテレスがこの両表現をほぼ同義の表現として使っていることは広く認められている。アリストテレスは次のように語っている。

実際、優れて善き人（スプウダイオス）がそれぞれのものごとを正しく判定するのであり、それぞれの場面において彼にとっては、まさに真実が見えているのである。……優れて善き人はそれぞれの場面で真実を見ることにかけて、おそらく最も卓越しており、そうした美しさや快さを判定する尺度であり、基準なのである。（第三巻第四章、1113a29〜33）

「優れて善き人」、つまり「思慮ある人」が、個々の具体的な行為の文脈において捉える判断が、「行為の正しさ」の基準であり、「思慮」を示す「中庸の判断」であり、それが「正しい欲求に一致している真理」であるとされるのである。（この説明は次の「(3)大前提と小前提の関係」において行う。）

このように、思慮ある人はその推論において具体的な状況を重視し、文脈から独立な「普遍的規範」を機械的に個別的事例に適用するようなことはない。したがって、アリストテレスが実践的推論で「規範—事例」型の推論を考えていたという根拠は乏しいように思われる。それでは、実践的推論はどのように解釈すればよいのであろうか。「思慮ある人」の遂行する実践的推論をどのように捉えればよいのであろうか。

(3)大前提と小前提の関係——小前提の知覚的把握を通して大前提の規範が立てられる

アリストテレスは『ニコマコス倫理学』第六巻第五章以下で、この大前提と小前提の関係を論じている。

まず強調したいのは、「大前提における道徳判断はつねに小前提との関係において成立する」ということである。しかもその場合、「規範―事例」型の解釈とはまったく逆に、アリストテレスは、実践的推論の出発点が「普遍的な規範命題」ではなく、具体的な状況についての知覚であると語っている。すなわち、アリストテレスの「思慮」はカントの「理性」とは異なり、「小前提における具体的な状況を把握する知覚能力であるとともに、大前提における目的に関わる思考能力」なのである（第六巻第八章、1142a23～30、第六巻第九章、1142b32～33参照）。

それゆえ、行為者は直面する具体的な状況を知覚することを通して、「ここで何をすべきか」を把握するのである（第六巻第一一章、1143b1～5）。

具体的な事例で考えてみよう。

ある人物が以前から楽しみにしていたパーティに出かけようとしているところに、突然、友人が悩みを抱えて訪ねてくる。そこで、その人物はただちにパーティをキャンセルして、友人の悩みを聞き友人を慰めようと決心する。[8]

この推論の出発点は、「友人が悩みを抱えて訪ねてきたという出来事」の知覚である。この事例における行為者（彼を「思慮ある人」と想定しよう）は、友人が悩みを抱いて訪ねてきたということを知覚し、ただちに楽しみにしていたパーティをキャンセルして、友人の話を聞こうとするのである。

以上に述べた思慮がかかわる「実践的推論の構造」を次のようにまとめることができる。[9]

(1)小前提とは、ある状況に遭遇した行為者が、その状況のうち彼が対応すべき最も突出した事実（the salient fact）として立ち現れてくるアスペクトを記録したものである。（「何が突出した事実のアスペクトであるか」は行為者の「性格」、「人柄」と相関的である。）

(2)また、この小前提（として記述される出来事）はそれにかかわる人生における様々な「価値」や「理念」を活性化するが、それが大前提として捉えられる。すなわち、「いかに生きるべきか」について行為者が抱く価値観が、その状況下で、彼に立ち現れているアスペクトを小前提として最も突出したものたらしめるが、その価値観が行為の理由のかたちで大前提として立てられ、具体的な行為を導くのである。

これが「思慮ある人」が具体的な状況において遂行する「実践的推論の構造」であると私は考える。しかし、この見解に対して、「規範—事例」型の解釈を主張する人びとは「どうしてそれが実践的推論と言えるのか」といった反論を投げかけるであろう。というのは、われわれの説明においては、生じてくるのは直面する状況の知覚であり、その同じ事態が大前提という側面と小前提という側面の二つに分けられ、結論の行為（つまり、パーティをキャンセルして友人の悩みを聞くという行為）を説明しているのである。したがって、「具体的な推論は何も述べられていないではないか」という批判が生じてくる。

しかし、「パーティをキャンセルして、友人の悩みを聞く」という行為において、われわれは「大前提を立て、小前提を介して、結論の行為を導く」といった「推論のプロセス」を実際にたどっているだろうか。そのような心的プロセスが存在しているとは思えない。アリストテレスの実践的三段論法が現実の心理的過程を記述するものと捉えられるならば、それはまったく実体のない、奇妙な説明になってしまうと言えよう(10)。

それでは、アリストテレスの「実践的推論」とはそもそも何であろうか。アリストテレスの実践的推論の意義は、行為が意図的に為される場合には必ず存在する、或る一つの秩序を記述しているという点にある(11)。楽しみにしていたパーティをキャンセルするという行為に対して、「なぜキャンセルするのか？」という問いが投げかけられる。それに対して行為者は「友人が悩みを抱えて訪ねてきたのだ」と答える。その場合、相手はさらに「そうだとしても、どうして楽しみにしていたパーティまでもキャンセルするのか？」と尋ねるかもしれない。その問いに対して、行為者はさらに、「行為の理由」を挙げて説明するであろう。

為された行為に対して、「なぜ？」という問いが立てられ、それに対して「行為の理由」を挙げて答える。このように、行為にはその「行為の理由」、「行為の秩序」があり、それを示すことがアリストテレスの実践的推論の目的であったと思われる。ただ、この問題は複雑であり、次の第四章の第2節において、この問題を続けて考察していきたい。

さて、本節のはじめに引用した第六巻第五章（1140a24~30）では、実践的推論が二通りに分類されていた。すなわち、①医術や大工術といった技術知がかかわる推論、つまり目的を前提して、その目的をめざす手段の選択が問題となる推論と、②「思慮ある人」がかかわる、「善く生きること」全体のために、「ここで何をすべきか」にかかわる推論とである。

普遍主義的解釈が取る「規範―事例」型の推論は、後者の実践的推論をあまりにも演繹的推論に同化してしまっていると私は考える。ただ次章で取り上げるように、アリストテレス自身が第七巻第三章で「アクラシア」問題を扱う場合には、実践的推論を「規範―事例」型の推論のように捉えており、問題は複雑である。しかし、私は「実践的推論」の概念はここで「実践的推論の構造」として取り出したかたちで捉えるべきであると考える。

さて、本章のはじめに述べたように、アリストテレスは自分が過去から伝統的に受け継いできた「徳の価値空間」という「ノイラートの船」に乗っているのであり、「内在的な仕方」で「性格の徳」や「思慮」を追求しようとしているのだと言える。第2節では、「性格の徳」や「思慮」がわれわれの成長過程のなかでどのように成立してくるものと捉えられているかを考察していこう。

2　第二の自然としての、性格の徳と思慮

(1)「性格の徳」と「思慮」の形成

多くの普遍主義的解釈では、アリストテレスの「思慮」をまず感情や意志とは独立な能力として捉え、節制や勇気のような「性格の徳」をこの「思慮」を通して規定されるものと考えているように思われる。それは次のような理由に基づいている。アリストテレスは『ニコマコス倫理学』の第二巻から第五巻で、節制や勇気といった徳の考察を行っているが、「思慮」という表現は第六巻になってはじめて登場してくる（正確には、第二巻第六章

に「思慮ある人」（1107a1）という表現が一度現れる）。それゆえ、普遍主義者は、第二巻、第三巻で論じられている「性格の徳」はまだ真の意味での徳ではなく、その準備的状態であり、そこでは、「非理性的な魂の性向」、あるいは「情念の修練」が問題にされていると解釈する。このように、普遍主義的解釈は「情念＝非理性的性向」と「思慮＝理性」という二元論的解釈を取り、節制や勇気の「徳」は「思慮」という実践的知性の独立の働きによってはじめて成立すると考える傾向がある。

たしかに第二巻、第三巻においては、「思慮」という表現自体は現れてこない。しかし、「思慮」という表現は登場しないが、「思慮」の働きは、すでに第二巻第四章の次の重要な文章において明確に示されている。

徳に基づいてなされる行為は（芸術作品の場合と異なり）、それが特定のあり方を持っているとしても（それだけで）、正しく行われるとか、節制ある仕方で行われることにはならないのであって、行為者自身がある一定の性向を備えて行為することもまた、まさに正しい行為や節制ある行為の条件なのである。すなわち、第一に、行為者は行っている行為を知っているということ、第二に、その行為を選択し、しかもその行為自身のゆえにそれを選択するということ、第三に、行為者は確固としたゆるぎない状態で行為しているということ、これら三つの条件が満たされなければならないのである。（第二巻第四章、1105a28~33）（カッコ内は引用者挿入）

ここで、勇気、節制、正義といった徳の行為が成立するための三つの条件が述べられている。いずれも重要であるが、ここでは、第二の条件と第三の条件に注目したい。「行為者はその行為を選択し、しかもその行為自身のゆえにそれを選択する」という第二の条件は、「いま、この状況で為されるべき最も善き行為」の「選択（proairesis）」であると言える。この働きがまさに「思慮」の働きなのである。また第三の条件として「行為者は確固としたゆるぎない状態で行為する」とは、行為者が「節制」、「勇気」、「正義」等々の徳の教育、訓練、経験を通して、そのような「性格の徳」がしっかり身についているということを示している。『ニコマコス倫理学』第二巻の狙いは、子供を節制、勇気、正義等の「徳の空間」、つまり「倫理的価値の空間」へと導き入れることにある。その結果、子供は、動物のような「非理性的性向」を脱し、正しい行為のかたちを学んで行くことになる。

アリストテレスは「習慣とは長い間の練習であり、それは、最後には、人間の自然になるのだ」（第七巻第一〇章、1152a32~33）というエウエノスの詩句を引用しているが、子供は「カロン（美しい・立派な）」といった言葉、あるいは「アイスクネー（みにくい、恥ずかしい）」といった言葉を対象や行為に適用する仕方を学び、「美しい、立派な」、「みにくい、恥ずべき」といった事態を徐々に了解できるようになっていく。その結果、「美しい、立派な」行為へと動機づけられ、「恥ずべき」行為を退けるようになる。したがって、どのような現象や行為を「カロン（美しい）」と捉えるかに習熟していくことは「思慮」の能力と密接に結びついており、「思慮」の機能の成立は情念や欲求の訓練と切り離すことはできない。

普遍主義的解釈は、「思慮」を情念や欲求から独立なカント的「理性」能力として捉える傾向があるが、われわれは逆に「性格の徳」のみならず、「思慮」の能力も、人間の自然的な欲求や情念を陶冶することによって「第二の自然」として成立すると考える。では、「性向」としての「性格の徳」と、「能力」としての「思慮」はどのような関係にあるのだろうか。

(2)「性格の徳」と「思慮」が結びつくかたち

アリストテレスは「ソクラテスは、徳はすべて思慮であると考えていた点で誤っていた」（第六巻第一三章、1144b18-20）と語っているが、「性格の徳」を「思慮」を通して規定しようとする普遍主義的解釈も同様の誤りを犯していると言える。しかし同時に、「思慮なしに徳はありえないと言っていた点では、ソクラテスは正しかった」（第六巻第一三章、1144b20~21）とアリストテレスは語っている。それはどのような意味であろうか。ここで、第六巻第一二章からアリストテレスの基本的な見解を取り出しておこう。

人間の機能（ergon）は「思慮」および「性格の徳」に基づいて成し遂げられる。なぜなら、（性格の）徳は目標（ton skopon）を正しいものにするのであり、「思慮」はその目標へと至るものごと（ta pros touton）を正しいものにするからである。（第六巻第一二章、1144a6~9）

「性格の徳」とは「勇気」、「節制」、「親切」といった周知の徳目である。また、第1節で強調したように、アリストテレスは「思慮」を「小前提における具体的な状況を把握する知覚能力である」と捉えている。その場合、この「知覚能力」である思慮は「性格の徳」と結びついている。行為者は、直面する状況で彼が最も突出した事実（the salient fact）として立ち現れてくる相貌を知覚するのであり、どの相貌を捉えるかはその「性格の性向」に基づいている。第1節で挙げた例を使うならば、「友人が悩みを抱えて訪れてきた」と知覚し、「パーティをキャンセルして友人の悩みを聞こう」と判断するのは「思慮」の働きである。しかし、その「思慮」を導いているのは、たとえば、「親切」といった「性格の徳」である。

先に述べたように、「徳とは知である」とするソクラテスは「性格の徳」と「思慮」を同一視するが、普遍主義を取る人びともソクラテスと同様に考える傾向がある。しかし、「性格の徳」と「思慮」とは区別しなければならない。「性格の徳」は「思慮」と結びつくことによってこの世界にかかわるのであり、逆に「思慮」は「性格の徳」と結びつくことによって、「ひと」に宿った「正しい目標」にかかわることになる。すなわち、「性格の徳」とは「思慮」をそなえた「魂の性向」なのである。

第四章　徳とアクラシア

『ニコマコス倫理学』の第一巻で「幸福とは何か」を問い、第二巻から第六巻において、その「幸福」を実現する「性格の徳」と「思考の徳」（とりわけ「思慮」）の関係を論じることによって、アリストテレスは自己の「徳倫理学」についての基本的見解を提示した。続く第七巻においては「アクラシア」問題を取り上げている。ギリシア語'akrasia'の'a'は否定を示し、'krasia'とは'kratos'、つまり「力」という意味であって、「アクラシア（akrasia）」とは「力のないこと」、「力をもって自己自身をコントロールできない状態」、「無抑制の状態」を意味する。

ソクラテスは対話篇『プロタゴラス』（352C～）において、知識は他の諸能力を宰領してひとを善き行為に導いていく最高・最強の力であり、「善と知って行わず、悪と知りつつ行うことはありえない」と主張する。このソクラテスの見解をアリストテレスは次のように捉えている。

ソクラテスは、無抑制はありえないとする立場から、行為における知識の無力を主張する言説と全面的に戦っていたのである。なぜなら、ソクラテスによれば、誰も最善のことを判断しながら、その事柄に反して行為することはありえず、もしそのように行為する場合は、それは行為者の無知によるからである。（第七巻第二章、1145b25〜27）

しかし、このソクラテスの見解はパラドクスであり、常識と明らかに矛盾する。われわれは知識をもちながら、欲望に支配されて為すべきではないことを行い、後になって後悔することが多い。後の時代の使徒パウロが「私は自分の望む善は行わず、望まない悪を行っている」（『ローマの信徒への手紙』第七章第一九節）と慨嘆している通りである。

アリストテレスは「善と知って行わず、悪と知りつつ行うことはありえない」というソクラテスの理性主義を受け継いでおり、この立場に立って、現実のアクラシア現象を説明し、パラドクスを解こうとする。しかし、第七巻で目指しているのはこのソクラテスのパラドクスを解くということだけではない。むしろパラドクスを解くことを通して、アリストテレスは、第一巻から第六巻で追及してきた「徳」と「幸福」の関係を別の視点から明らかにしており、この解明はきわめて重要であると私は考える。

第二章で紹介したのは「人はどのように徳を習得して、幸福に至るか」という道徳的発達論であったが、第七巻の「アクラシア」の議論は同じ課題に取り組んでいる。すなわち、「徳へ向けての途上の状態」とはどのような状態であるかの解明である。「徳へ向けての途上の状態」とは「無抑制」と「抑制」の状態であり、われわれ人間のほとんどはこの状態にあると言える。したがって、「無抑制な人」は「抑制ある人」とどのように異なり、「抑制ある人」は「徳ある人（思慮ある人）」とどのように異なるかを明らかにすることは、われわれはどのようにして幸福に至るか、その道筋を示すことになる。

本章ではまず第1節において、第三章第1節で解明した「思慮ある人」がかかわる「実践的推論」の構造を再度確認し、アクラシア（無抑制）に陥る人は思慮ある人の推論からどのように逸脱しているかを明らかにする。その上で、第2節では「無抑制な人」ならびに「抑制ある人」が「思慮ある人」からどのように隔たっているかを示したい。

1 「アクラシア（無抑制）」はどうして成立するか

(1)ロギコース（概念的）な説明

アリストテレスは、第七巻第三章において、アクラシア（無抑制）がどうして生じてくるかを説明している。第一は「ロギコース（logikōs 概念的）な説明」と呼ばれるものであり（1146b31~1147a18）、アリストテレスはそのために次の三つの「概念の意味」の区別を導入している。

①一つは、知識の「所有」と「使用」の区別である。私は、たとえば、『三角形の内角の和は二直角である』ことを知っている。しかし、いま、その知識を使ってはいない。
②もう一つは、知識の対象の種類の相違に基づく区別である。すなわち、「普遍的なものについての知識」と「個別的な事実についての知識」との区別である。たとえば、「脂肪の少ない食物は身体によい」という普遍的知識をもっているが、『この食物は脂肪が少ない』ことを知らない場合がある。
③上の①において、知識を所有していてもそれを使用しない場合があることを指摘した

が、アリストテレスはこの後者の「使用しない場合」をさらに二つに区別する。「三角形の内角の和は二直角である」という知識を、必要がないのでこの一週間使わなかったという場合と、酔っぱらっていたのでその知識を使えないという場合である。後者の場合、酔っぱらっている人は知識をもっているとも言えるし、完全にはもっていないとも言える。

以上の区別に基づいて、アリストテレスは「アクラシア（無抑制）」を次のように説明する。われわれは普遍的知識を「所有」していても、具体的な行為に直面した場合、欲望に支配されて、酩酊の人物と同じ状態になってしまい、その知識を「使用」できず、正しい行為ができなくなり、アクラシア状態が生じてくる、と。

ソクラテスの「アクラシア（無抑制）の否定」に対して、アリストテレスは、このように知識の「所有」と「使用」、あるいは「普遍的な知識」と「個別的な知識」といった概念の意味の区別を通して、知識をもちながらアクラシアが成立することを説明しているのである。これはアクラシアの「ロギコース（logikōs 概念的）な説明」と言える。

⑵ピュシコース（自然学的）な説明

それに対して、第七巻第三章1147a24~b19で、アリストテレスは「さらにわれわれは、次のようにして、アクラシアが生じる原因をピュシコース（phusikōs 自然学的）に見定めることができるだろう」（1147a24~25）と述べ、ピュシコースな説明を与えている。

ピュシコースな説明とは、簡単に言えば、行為者の「思いなし」と「行為」との間の「因果的な関係」の考察である。アリストテレスは、まず前提から結論が必然的に帰結する演繹的推論について述べ、続いて、思いなしが行為にかかわる実践的推論の具体例を挙げている。

> もし甘いものはすべて味わうべきであり、いま個別的なこのものが甘いとすれば、その場合、行為する能力をもっており、かつ行為が妨げられることのないような人は、同時にまたこの特定の甘いものを味わう行為をすることは必然である。（第七巻第三章、1147a29~31）

ここでは、前提である複数の「思いなし」と結論である「行為」の間の正しい実践的推論の例が取り上げられ、妨げられるものが何もないならば、例示された「思いなし」から行為が導かれる、しかも「必然的に」導かれると主張されている。ここでの「必然」は「因果的必然性」であると私は解釈する。

さて、このように「思いなし」と「行為」の正しい実践的推論を示したうえで、次にアリストテレスは、アクラシア（無抑制）という事態がどのようにして成立するかを説明していく。

> われわれに味わうことを妨げるような普遍的な思いなし（注：すべての甘いものは健康に悪い）が内在しており、他方、「すべての甘いものは快い」、しかるに「これは甘い」という別の思いなし（こちらの思いなしが、現実に活動するのだが）もまた内在していて、そこに甘いものに対する欲望も内在する場合、一方の思いなしはわれわれにこの甘いものを味わうことを避けるように告げるが、欲望の方はわれわれをそれへと衝き動かすのである。なぜなら、身体の各部分を動かしうるのは欲望だからである。こうして、ある意味で、道理（ロゴス）と思いなし（の対立）によってわれわれは無抑制な振る舞いをすることになる。（第七巻第三章、1147a31-b1）（注は引用者）

ここで、多くの研究者が取っている解釈を紹介することにしよう。人びとは「すべての

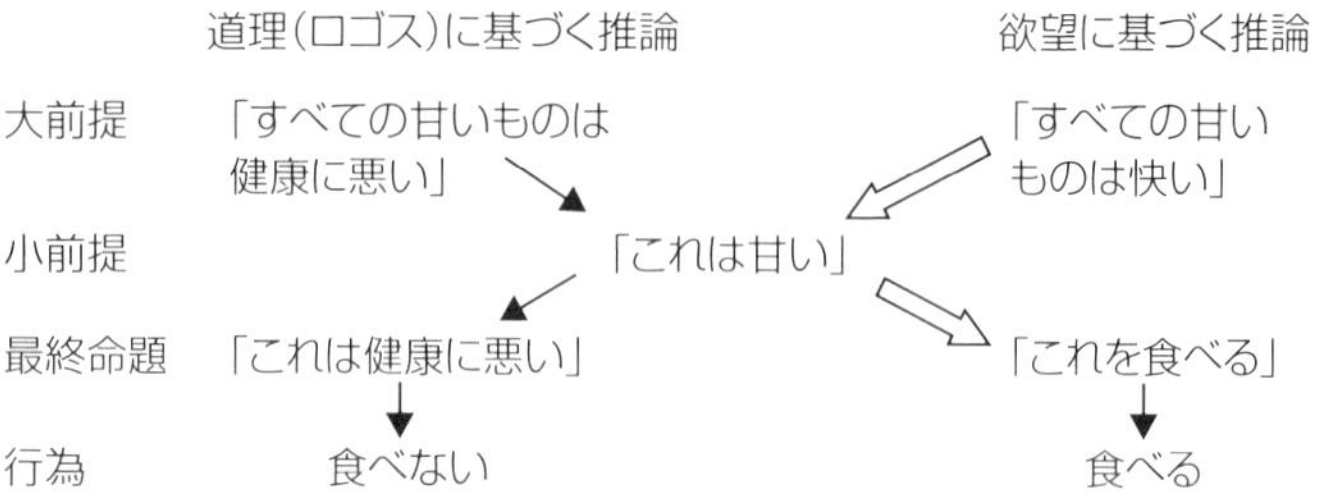

図2

甘いものは健康に悪い」と「すべての甘いものは快い」という二つの実践的推論の大前提に基づいてアクラシアの成立が説明されていると解釈する。

道理（ロゴス）が告げる「すべての甘いものは健康に悪い」という普遍的な思いなしがあり、他方に、「すべての甘いものは快い」という欲望が告げる普遍的な思いなしがある。また、目の前に「甘いものがある」という事態が成立している場合、アクラシアに陥る人は、「すべての甘いものは健康に悪い」という普遍的な知識を所有してはいるが、目の前の「甘いもの」に対する欲望が力ずくで「甘いものを食べる」という行為に引っ張っていき、アクラシアの行為が生じることになる。それを図示すれば、図2のようになる。[1]

左の欄の推論は「節制ある人（ソープローン）」、つまり「徳ある人」の推論と行為であり、そこには欲望は何ら関与していない。

他方、無抑制な人の推論は右の欄に示された推論であるが、

「徳ある人」の推論が左の欄の推論で完結するのとは異なり、無抑制な人は正しい道理（ロゴス）が示す普遍的前提を理解しており、「すべての甘いものは健康に悪い」という知識を「所有」している。しかし、具体的な行為状況において、欲望に引きずられ、「これは健康に悪い」という認識は、「ちょうど酔っぱらった人がエンペドクレスの詩句をくちずさむ場合と同様、……ただ言葉だけを語っているにすぎない」状態に陥り、この甘い食物を食べてしまうのである（第七巻第三章、1147b11~12）。

このように、道理（ロゴス）が示す大前提と欲望が示す大前提との対立葛藤が存在し、無抑制な人（アクラテース）は甘い食物を食べてしまい、後で後悔することになる。「アクラシア」という事態がどうして生起するのかに関する、ピュシコースな（自然学的な）説明として多くの人びとが取っている解釈は、細部に関してはいろいろ相違があるが、以上に述べたような解釈ではないかと思われる(2)。

(3)思慮ある人の実践的推論

以上のピュシコースな（自然学的な）説明によれば、「アクラシア」現象は欲望の介入によって成立することになるが、この基本的論点は誰もが認めるであろう。しかし、この結論へと導くアリストテレスの議論に対して私は異論を提示しておきたい。

第三章のはじめで指摘したように、アリストテレスは「思慮」ならびに「実践的推論」について必ずしも一貫した同じ態度を取っておらず、この第七巻第三章では、第六巻第五章の規定にしたがえば「思慮」がかかわる対象とは言えない「健康に関する事例」を認めてしまっている。そしてその「実践的推論」を「大前提を立て、小前提を介して、結論の行為を導く」という「規範—事例」型の推論として捉えているのである。しかし、この見解は第六巻第五章以下のアリストテレスの説明と矛盾しており、私は第六巻の説明が「思慮」の正しい把握であると考えている。そこで、私はこの「規範—事例」型の推論解釈をここで退けておきたい。

第三章で行った議論を繰り返すことになるが、この解釈は、「実践的推論の大前提を具体的な文脈から独立に思慮を通して捉えられる普遍的規範判断として把握し、小前提をその大前提の具体的な適用事例と捉え、それを通して結論の行為が導出される」とする推論解釈である。

他方、われわれが「思慮」がかかわる「実践的推論」について主張してきた解釈は以上の見解とははっきり対立するものである。その解釈をもう一度まとめ直しておこう。

①われわれが行為を「思案する」ときさまざまなかたちがあるが、しかし、アリストテ

レスの「思慮」がかかわる推論の場合、「大前提を立て、小前提を介して、結論の行為を導く」といった過程を辿ってはいない。このような実践的推論が現実の心理的過程を記述するものと捉えられるならば、それはまったく実体のない説明であろう。②この「思慮」がかかわる実践的推論の出発点となっているのは「大前提の普遍的な知識」ではなく、小前提の具体的な状況の知覚である。アリストテレスは「思慮」を「具体的な状況を正しく捉える知覚能力であるとともに、目的にかかわる思考能力である」（第六巻第八章、1142a23~30 参照）と捉えている。

私は、以上の第三章第1節で確認した「思慮」がもつ論点を維持すべきだと考える。②の繰り返しになるが、アリストテレスは「思慮」を次のように規定している。

ヌース（知性）は……それが実践的な推論にかかわる場合にあっては、最終的なもの、つまり他の仕方でありうる個別にかかわる、すなわち小前提にかかわる。実際、こうした個別が端緒をなして「目的とされるもの（tou hou heneka）」が形成されるのである。個別的な事柄から普遍へと至るのである。（第六巻第一一章、1143b1~5）

ここで「ヌース」と言われているのは「思慮」のことであり、思慮ある人は直面する具体的な状況を知覚することを通して、ここで何を為すべきかを把握するのである。

2　徳ある人（思慮ある人）と抑制ある人・無抑制な人との区別

⑴ 徳ある人（思慮ある人）の状況把握は正しい行為をもたらす

行為とは「何かを目指す行為」であると同時に、必ずまた「誰かの行為」である。それゆえ、アリストテレスの徳倫理学はこの行為の主体をめぐって展開するが、アリストテレスは、ここで、徳ある人（思慮ある人）とそれ以外の人びととの根本的な相違を強調している。それ以外の人びととは、無抑制な人と抑制ある人、ならびに放埒な人（akolastos）、つまり悪徳に支配されている人物である。ただ、以下においては、議論を簡単にするため、放埒な人は外して考えることにしよう。

前節の終わりの引用箇所が示しているように（第六巻第一一章、1143b1~5）、実践的推論において、徳ある人（思慮ある人）は直面する「個別的な事柄」を知覚することを通して「何を為すべきか」を導出する。その場合、徳ある人（思慮ある人）が示す「思慮」とは、「ある状況が含む行為誘導的諸特徴（the potentially action-inviting features of a situation）」の

どれがここで重要なのかを見抜く能力である。(3)

すなわち、「思慮」がかかわる実践的推論の場合、アリストテレスの見解は「欲求（意志）」を「信念（知覚）」から独立に捉えるヒュームの二元論的な考え方とは根本的に異なっている。アリストテレスにとって、思慮とは「ある状況が含む行為誘導的諸特徴」のどれがここで重要なのかを見抜く知覚能力であり、この知覚を通して「何を為すべきか」が導かれる。それゆえ、行為が帰結するために、この思慮以外のものは何ら必要とはしないのである。

(2) 無抑制な人、抑制ある人、そして徳ある人（思慮ある人）

以上の解釈において、われわれは、徳ある人（思慮ある人）の「正しい道理」に基づく「実践的推論の構造」を取り出した（よりくわしい説明は、第三章第1節(3)「大前提と小前提の関係」においてなされている）。

ここで、「無抑制の人」と「徳ある人（思慮ある人）」との区別、さらには「抑制ある人」と「徳ある人（思慮ある人）」との区別を明らかにすることにしよう。そのために具体的な事例を通して説明する必要があるが、前節でのピュシコースな（自然学的な）説明に使われている「健康に関する事例」は「規範―事例」型の推論を自明のものとしており、「思慮ある人」と「無抑制な人」・「抑制ある人」の区別を説明するための適切な事例にはなりえないと私は考える。そこで、第三章第1節で使用した事例を再度使うことにしよう。

ある人物が以前から楽しみにしていたパーティに出かけようとしているところに、突然、友人が悩みを抱えて訪ねてくる。そこで、その人物はただちにパーティをキャンセルして、友人の話を聞き、友人を慰めようと決心する。

「徳ある人（思慮ある人）」は悩みを抱えて訪ねてきた友人を見てただちに楽しみにしていたパーティをキャンセルする。たしかに友人が訪ねてくる以前は、パーティでの喜びは彼にとって大きな意味をもっていた。しかし悩みを抱えた友人を見て、パーティをキャンセルする場合、「徳ある人」にとっては、パーティでの喜びは何ら意味をもたなくなっている。したがって、「徳ある人」は「パーティに行くことと、友人の悩みを聞くこととのどちらがより多くの良い結果をもたらすか」を思案して、後者を選択したのではない。ここでは功利主義的計算は無縁である。

それでは、「徳に向けての途上の状態」にある「無抑制な人」と「抑制ある人」は、それぞれどのように振る舞うのだろうか。

ここで重要なのは、「徳ある人」と「抑制ある人・無抑制な人」との間の大きな相違である。徳ある人（思慮ある人）は当の状況の特性を十全に把握し行為するが、抑制ある人と無抑制な人は徳が要求している以外の特性（パーティがもたらす喜び）に魅せられ、駆られる人である。したがって、彼らは直面する状況の意味を十全に捉え切っていないと言える。もう少しくわしくこの問題を考えてみよう。

①徳ある人（思慮ある人）は「ある状況が含む行為誘導的諸特徴」のうちのしかるべき特性を注目し、彼の「動機的エネルギー」はその特性に集中し、それ以外の特性に惹かれることはない。たとえば、悩みを抱えて訪ねてきた友人を知覚する場合ただちにパーティをキャンセルして友人の悩みを聞くのであり、彼が行為する以外の可能性（たとえば、パーティに行くという行為）は彼に生じることはない。その状況の知覚はそれ以外の行為の可能性を「沈黙させる（silencing）」と言える(4)。

②それに対して、無抑制な人は徳ある人（思慮ある人）とは異なり、「友人の悩みを聞くべきである」と思いながら、「パーティでの喜び」に惹かれて、パーティに出席してしまう人である。なお、第七巻第七章において、アリストテレスは「無抑制」を「性急さ（プロペティア）の無抑制」と「弱さ（アステネイア）の無抑制」に区別している

（1150b19）。

「性急さ（プロペティア）の無抑制」とは、先の例で言えば、パーティに行きたいあまり、悩みを抱えた友人が相談に来たにもかかわらず、友人の悩みに気づかず、「あいにく、今からパーティに出かけるところなのだ」と言って出かけてしまう場合である。すなわち、状況を正しく認識できていないのである。他方、「弱さ（アステネイア）の無抑制」とは、悩みを抱えた友人が相談に来ていることは理解しており、悩みを聞くべきだと思いながら、パーティのもつ魅力には勝てず、友人を置き去りにする場合である。

③他方、抑制ある人は、徳ある人（思慮ある人）と同じ振る舞い（パーティをキャンセルして友人の悩みを聞く）をする。その意味で、無抑制の人とは異なり、徳ある人により近いと言える。しかし、両者は行為に至るプロセスは大きく異なっている。アリストテレスは抑制ある人と徳ある人（節制ある人）との区別を次のように語っている。

抑制ある人とは身体的な快楽のゆえに道理に反して何かをするということを決してしない人であり、節制ある人も同じである。しかし、抑制ある人の方は低劣な欲望をもっているのに対して、節制ある人はそのような欲望をもたない人である。また節制ある人は道理に反しては快楽を感じない性質の人であるが、抑制ある人の方はそのような快楽を感じても、それに導かれない性質の人である。（第七巻第九章、1151b34～1152a3）

先の例で言えば、抑制ある人は無抑制な人と同様に、悩みを抱えて訪ねてきた友人を知覚する場合でも「パーティの喜び」に惹かれる人物である。節制ある人（徳ある人）とは異なり、パーティへの出席の思いが「沈黙させられる」ことはない。ただし、彼は友人の悩みを聞くべきだと考え、パーティの喜びがもたらす魅力に打ち勝って、友人の悩みを聞くという行為を為すのである。

この第四章「徳とアクラシア」は、「アクラシア（無抑制）がどうして成立するか」についての考察であるが、私はこの考察を第二章以降で論じてきた「人はどのように徳を習得して、幸福に至るか」という道徳的発達論のうちに位置づけたいと考えている。われわれ人間はすべて「徳に向けての途上の状態」にあると言えるが、「無抑制な人」は「抑制ある人」とどのように異なり、「抑制ある人」は「徳ある人（思慮ある人）」とどのように異なるかを明らかにすることによって、われわれはどのようにして幸福に至るか、その道筋を示すことをこころみた。

この考察にとって重要なのは、「徳ある人」、つまり「思慮ある人」の把握である。徳倫理学にとって、「思慮ある人」は具体的な状況に直面したときにその状況を正しく捉え、行為する人である。アリストテレスは思慮ある人が「行為の正しさ」の基準であると考える。他方、近世のカントにとって、「正しい行為」を考える場合、「徳ある人」、「思慮ある人」が介在する余地はない。「正しい行為」は「正しい行為の原則」から、つまり「定言的命法」から導出されることになる。先に取り上げたアリストテレスの実践的推論の「規範―事例」型の推論解釈は、まさにカント的な見解である。その説明の中には「思慮ある人」も登場しないし、「思慮ある人」がその能力を発揮する具体的な文脈への言及もない。

私は本章で、まず第三章で強調した論点を再確認し、擬似カント的な「規範―事例」型の推論解釈を退けた。それとともに「思慮ある人」とは直面する状況を正しく把握して行為する人物であることを明らかにし、その上で、「無抑制な人」ならびに「抑制ある人」が「思慮ある人」からどのように隔たっているかを解明してきた。アリストテレスはアクラシアをめぐる考察を通して「徳に向けての途上にある」とは具体的にはどのような状態なのかを示し、それによって「人は徳を習得することによって幸福に至りうる」という道徳的発達論を補強しているのである。

第五章　友愛について

『ニコマコス倫理学』では第八巻と第九巻の二巻、つまり全体の五分の一が「フィリア」論に当てられ、アリストテレスがいかに「フィリア」を重要視していたかが窺える。「フィリア」は普通、「友愛」と訳されるが、日本語の「友愛」や英語の 'friendship' よりも広い関係であり、そこには親と子、主人と奴隷、客と店員、支配者と国民といった関係が含まれ、それを通して「社会的な人間関係」が追求されている。

アリストテレスは『政治学』の第一巻で、「人間は本来、ポリス的動物である」と規定しているが、人間は他の動物とは異なり、言葉（ロゴス）をもつ動物であり、単独では生存しえず、共同体の中ではじめて生活が可能となる。まず共同体の最小の単位として、夫婦、親子、主人奴隷からなる「家」が造られ、次に狩猟や灌漑、あるいは祭りのために共同作業をする「村」が形成され、この村が交易や戦争のために「ポリス（都市国家）」へと拡大する。このポリスにおいてはじめて自立自足した生活ができ、人間にとっての「十全な意味での善」が可能になる。ポリスという共同体のあり方が『政治学』の主題である。

アリストテレスは『ニコマコス倫理学』第一巻で、倫理学（エーティカ）は政治学（ポリティケー）に属すると述べている（1094a26~b11）。『ニコマコス倫理学』の第七巻まで、アリストテレスは自己のエウダイモニア（幸福）を実現する「勇気」、「節制」、「温和」、「高邁」といった「徳」を考察しており、第八巻、第九巻の「フィリア」の考察は、「性格の徳」から「社会的な人間関係」へと、すなわち『政治学』の主題へ向けて一歩を踏み出していると言える。

第八巻第一章は「友愛」論の序にあたる部分であり、ここで友愛の重要性が述べられ、第二章から第四章で、愛されるもの（philēton）が「有用なもの（xrēsimon）」、「快いもの（hēdu）」、「善きもの（agathon）」に分けられる。つまり「利」、「快」、「善」に応じて三種類の友愛が区別されている。第1節では、その概略を紹介したい。

三種類の友愛のうち相互に相手に「善きもの」を与えようとする友愛関係が「真の友愛」と呼ばれる。これは徳ある人同士の関係であり、この関係がアリストテレスの「友愛」論の核心部分を形成する。第2節では、この「真の友愛」の構造を考察する。

また第九巻第九章では、「幸福である人がどうして友人を必要とするか」が論じられているが、第3節では、「友愛が幸福の不可欠な条件である」とするアリストテレスの見解を取り上げたい(1)。

1　友愛の三つの種類

第八巻第三章では、三種類の友愛のうち、まず、「有用性」と「快楽」の場合が次のように説明されている。

有用性のゆえに互いに愛し合っている人びとは、相手の人自身に基づいて愛しているのではなく、相手からお互いに何か善いものがもたらされるかぎりにおいて愛しているのである。快楽のゆえに愛する人びとも同様であり、たとえば、そのような人びとは機知に富む人びとを、その人が特定の人柄であるから好むのではなく、もっぱら自分たちにとって愉快だから好むのである。（第八巻第三章、1156a10~14）

たとえば、肉屋と顧客のあいだでは、顧客は肉屋が自分に有用なもの（善い肉）を提供してくれるかぎりで肉屋を愛するのであり、肉屋の方も顧客が自分に代金を支払ってくれるかぎりで顧客を愛するのである。快楽の場合も同様である。観客は喜劇役者が自分たちに笑いと快楽を提供してくれるかぎりでその役者を好むのであり、役者の人格を問題にしてはいない。それゆえ、肉屋が廃業し、役者の芸が落ちてくれば、この友愛関係はただちに終息することになる。

以上の「有用性」と「快楽」に基づく友愛関係に対して、「善きもの」に関わる友愛関係はその性質を大きく異にしており、アリストテレスはそれを「完全な友愛」、「真の友愛」と名づけている。

完全な友愛とは、徳に基づいて互いに似ている善き人びと同士のあいだの友愛である。なぜなら、完全な友愛にある人びとは、互いに相手にとって善いことを同じような仕方で望むが、それはお互い善き人として相手自身の善さに基づいたものだからである。すなわち、友人にとって善いものを、当の友人のために望む者は、真の意味での友人である。というのも、彼らがこのような態度をとるのは、彼ら自身のあり方のゆえであり、付帯的な仕方に（kata sumbebēkos）よるものではないからである。（第八巻第三章、1156b7~11）

このように善き人びとのあいだの友愛は、善き人びと自身のあり方に基づいて、つまり徳に基づいて、お互いに相手のために善きものを願う関係である。またこの真の友愛は当然「有益なもの」と「快いもの」を含んでいる。

ところで、「快楽」や「有用性」のゆえの友愛関係は「善きもの」のゆえの友愛関係と同様、相互的である。しかし、前者の関係は低劣な人びと同士のあいだでも、また善き人と低劣な人とのあいだでも成立するが、他方、「善きもの」のゆえの友愛関係は、アリストテレスが「高潔な人（エピエイケース epieikēs）」と呼ぶ人びとのあいだにおいてのみ成立する関係である。

さて、以上の友愛はいずれも「等しさ（イソテース）に基づく者同士」、つまり「上下関係にない者同士」の友愛関係である。しかし、第八巻第七章から第一四章において、アリストテレスは「優越性（ヒュペロケー）に基づく」友愛関係を取り上げている。それは、たとえば、親と子供、夫と妻、主人と奴隷など、「家族における友愛関係」であり、あるいは、支配者と被支配者といった「ポリスにおける友愛関係」である。この友愛関係の分析はアリストテレスが「家族」や「ポリス」をどのように捉えているかを知る上で有益であるが、ここではこの関係の紹介は割愛し、われわれの考察をアリストテレスの友愛論の中心を形成する「真の友愛」、すなわち、徳ある人びとの間の友愛関係に集中することにしよう。そのため、次節では、第九巻第四章ならびに第八章の議論を取り上げる。

2　自己愛と友愛

⑴ 隣人に対する友愛は自己自身に対する友愛に由来する

「真の友愛関係」についてのアリストテレスの議論は『ニコマコス倫理学』全体の性格を理解する上で重要である。というのは、第六巻までの「節制」、「勇気」、「温厚」、「度量の広さ」といった「性格の徳」は個人の魂の卓越性であり、すべて個人の幸福を増進するものである。したがって、このアリストテレスの議論に対して「利己主義の傾向が強い」という批判がなされてきているが、この友愛の議論はその批判を考える上で重要な内容を示しているからである。

たしかに、アリストテレスの徳の教義をイエス・キリストの教え、あるいは近世のカントの定言的命法の主張、さらには功利主義の「最大幸福の原理」と比較するとき、右の批判は一応成り立つように思われる。しかもアリストテレスによれば、「真の友愛」とは隣人の善を願い、相手のために振る舞うことであるが、この「真の友愛」の考察においても、彼は「友愛は自己愛に由来する」と主張し、「友愛」を「自己愛」の延長において捉えようとしているのである。したがって、「アリストテレスの徳の教義は利己主義の傾向が強い」という批判が生じてくることになる。

しかし、アリストテレスの見解ははたして「利己主義」と言えるであろうか。本節ではその点を考えてみたい。アリストテレスの「真の友愛」についての見解は彼の「徳」についての見解に基づいているが、そこにアリストテレスの「友愛」論の特色が示されることになり、逆にこの友愛論において、彼の徳倫理学の真価が示されているとも言える。

アリストテレスは第九巻第四章において、「隣人に対する友愛関係は自己自身に対する友愛に由来する」と語っている（1166a1~2）。「友愛」とは普通、「他者」に対する関係であるが、「自己自身に対する友愛」とは一体どのようなものであろうか。アリストテレスはまず、「友人」、つまり「友である者」の特徴（条件）を五つ挙げている。

①善もしくは善と思えるものを相手のために望み、かつそれを実行する者である。
②相手が存在し、生きることを相手のために望む者である。
③ともに時を過ごす者である。
④相手と同じことがらを選ぶ者である。

⑤ともに悲しみ、ともに喜ぶ者である。

アリストテレスは「高潔な人（エピエイケース）には、こうした諸特徴のそれぞれが自分自身との関係において備わっており、友に対しては、彼は自分自身に対するのと同じような態度を取る」と語っている（第九巻第四章、1166a29~31）。なぜなら、友とは「もう一人の自分（allos autos）」だからである、と。

隣人に対する愛を自己愛から説明することが奇妙だと決めつけてしまうことはできない。たとえば、『マタイによる福音書』で、イエスは最も重要な掟の一つとして、「隣人を自分のように愛しなさい」（第二二章第三九節）と語っているのである。

だが、「高潔な人（エピエイケース）が自分自身に対して取る関係」とはそもそもどのような関係なのであろうか。

われわれは、本書第二章において、アリストテレスが人間の魂を「ロゴス（道理、分別）をもつ部分」と「ロゴスをもたない部分」に分けていることを紹介した。「ロゴスをもたない部分」とは「欲求・情念」が関わる部分であり、ちょうど、父親の言葉に従うように「ロゴスに耳を傾ける部分」として規定される。すなわち、しつけ、訓練を通して、われわれの「欲求・情念」には「ロゴス（理性）」の働きが浸透していくのであり、そこで、欲求・情念を、「ロゴス（理性）」の働きが浸透しロゴスに支配されているものと、そうではないものに分けることができる。

このようにわれわれの魂を二つに分けるならば、「高潔な人（エピエイケース）の自己自身に対する関係」と「低劣な人の自己自身に対する関係」ははっきり異なってくることになる。高潔な人の自己自身に対する関係は、ロゴス（理性）が欲求・情念を正しく支配する関係であり、他方それに対して、低劣な人とはそのロゴス（理性）が欲求をコントロールできない人であり、抑制のない人である。

さて、先に上げた「友人」であることの五つ特徴（条件）のうち、たとえば、①の「善もしくは善と思えるものを相手のために望み、かつそれを実行する」ということが成立するためには、アリストテレスによれば、「善もしくは善と思えるものを自分のために望み、かつそれを実行する」ということが成立していなければならない。そうなると、真の友愛の条件はきわめてきびしいものになってくる。

たとえば、「善もしくは善と思えるものを相手のために望み、かつそれを実行する」事例として、アリストテレスは母親の子供に対する関係を挙げており、常識的には、母親の自分の子供に対する関係が「愛」の典型であると見なされている。しかし、アリストテレスは、「真の友愛」の関係がともに「徳ある人」同士の関係であることを強調しているが、ここでの母親や子供は「徳ある人」ではなく、それゆえ、彼らは「善もしくは善と思えるものを自分自身のために望み、かつそれを実行している」とは言えないことになる。したがって、母親の子供に対する関係は真の意味での「友愛」関係ではないことになる。このように、徳ある人が稀であるように、「真の友愛」関係はきわめて稀な関係になってくる。

さて「真の友愛」の概念を明らかにするためには、まだ肝心の問題が残されている。先に、「友愛関係は自己自身に対する友愛に由来する」という言葉を取り上げたが、そもそも「善もしくは善と思えるものを自分自身のために望み、かつそれを実行する」ということがどうして「自己自身に対する友愛」、つまり「自己愛」と言われるのであろうか。すなわち、アリストテレスは「自己愛」をどのように捉えているのだろうか。この点を検討するために、第九巻第八章の議論を見ることにしよう。

(2)二種類の「自己愛者」

第九巻第八章では、「ピラウトス（philautos）」という概念が取り上げられている。「ピラウトス」とは「愛（philia）」と「自己（autos）」から合成された言葉であり、「自己を愛する者」、「自己愛者」、「利己主義者」という意味である。アリストテレスは「ピラウトス」の通常の意味を次のように説明している。

自己愛（ピラウトス）を非難すべきものと考える人びとは、金銭や名誉、あるいは身体的快楽において自分により多くを配分する者のことを「自己愛者」と呼んでいる。というのも、多くの人びとはこうしたものを欲求し、またこうしたものを最も善きものと見なして、それらに夢中になっているからである。（第九巻第八章、1168b15~19）

このように、アリストテレスは、人びとが「自己愛者」という言葉を非難の意味を込めて使っていることを認めたうえで、真の意味での「自己愛者」という概念を新しく次のように規定する。

もし人がつねに、正しいことや節制あること、あるいはその他、徳に基づくことなら何であれ、そうしたことを誰にもましてみずからが行うことに熱心であり、また一般に、美しいものをつねに自分自身の身に備えようとするのであれば、誰もそのような人を「自己愛者」と呼んで、非難したりはしないはずである。こうした人こそ、むしろ優れて「自己を愛する者」と考えることもできよう。（第九巻第八章、1168b25~29）

このように、アリストテレスは高潔な人（エピエイケース）、つまり徳ある人は誰よりも自己を愛する人であると主張し、この人物は非難されるたぐいの「自己愛者」とは別種のものであることを強調し、次のように述べている。

この二つの種類の自己愛の相違は理性（ロゴス）に基づいて生きることと、情念（パトス）に基づいて生きることの相違に対応し、また美しいもの（カロンなもの）を欲求することと、利益になる（シュンペロン）と思われるものを欲求することの相違に対応しているのである。（第九巻第八章、1169a4–6）

ここで、われわれは真の意味での「自己愛者」が「カロンなもの（美しいもの）」を欲求する者として規定されていることに注目したい。このように、アリストテレスは真の「自己愛者」を規定するために「カロン（美しい）」の概念に訴えているのである。このことを確認するために、第九巻第八章の最後の箇所を引用してみよう。

優れて善き人（スプウダイオス）に関して言えば、彼が友人や祖国のために多くの貢献を行い、必要な場合には、友人や祖国のために死さえ辞さないというのは真実である。

なぜなら、優れて善き人はお金や名誉や、その他一般に争いの的となるもろもろの善きものを投げ出し、自分自身に美しい（カロン）ものを確保しようとするからである。……

だが、こうしたことはおそらく、他の人びとのために死んでゆく人たちに見られるであろう。彼らは、偉大で美しい（カロン）ことを、自分自身のために選び取るのである。そして、彼らは友がより多くのものを得ることができるならば、自分の財貨を投げ出すであろう。すなわち、友は金銭を手に入れ、自分の方は美しい（カロン）ものを手に入れるのである。（第九巻第八章、1169a18~28）

以上から明らかなように、アリストテレスは、常識的な意味で「自己の利益を最大にすることが幸福である」とは考えていない。すなわち、彼の「友愛論」は利己主義とは無縁であると言える。アリストテレスは、自己犠牲の行為を選択する人は「カロンなもの」を自己自身のために選ぶと述べており、「カロン（美しい）」という概念を価値を最終的に決めるキー概念として捉えている。われわれはすでに本書第二章第2節において、「カロン」の固有の用法を取り上げたが、ここであらためてその定義を整理しておこう。

(1)「カロン（kalon）」は「美しい、見事な、立派なもの」という意味であり、その反対語は「アイスクロス（aischros）」、つまり「醜い、恥ずべき、卑劣なもの」である。『ニコマコス倫理学』の多くの箇所で、アリストテレスは「行為者は最終的に、自己が為そうとする行為をカロン（美しい、立派な）と認めるから行為するのだ」と述べている。すなわち、「カロン」という表現は「勇気」、「節制」、「親切」といった個々の「徳」の概念に並ぶ概念ではなく、具体的な状況において、そのような「性格の徳」の遂行をうながす働きをもっている。言い換えれば、勇気ある行為であれ、親切な行為であれ、それが徳ある振る舞いであるためには、それらの行為は「カロンな行為」として捉えられていると言えるのである。

(2) この「カロン（美しい、立派な）」の概念は、『ニコマコス倫理学』第五巻で論じられる「正義（ディカイオシュネー）」の概念と同じ機能を果たしていると言うことができる。アリストテレスは「正義」を「配分における公正」という意味での部分的な「正義」の概念と、「性格の徳」である「全体的な徳性（hole arēte）」としての「正義」に分けている。そしてこの後者の全体的な徳は「性格の徳」のひとつであるが、しかし、それはその他の個別的な徳とは異なり、すべての「性格の徳」を統括する徳であり、勇気ある振る舞いにせよ、節制ある振る舞いにせよ、それが徳ある振る舞いであるためには、「正義」の徳が成立していなければならないとされている。ここには、ソクラテスの「徳の一性」の思想が反映していると言える。
　このように、「カロン（美しい）」の概念は、「全体的な徳性」としての「正義」の概念とともに、最終的な価値の客観的基準を示す概念として捉えられている。

3　幸福と友愛

第九巻第九章は「友愛」と「幸福」の関係が主題であり、次の文章で開始されている。

　幸福な人は、はたして友人を必要とするかどうかについても論争がある。というのは、至福で自足している人にとっては、友人は必要ではない、と言われているからである。
（第九巻第九章、1169b3〜5）

　アリストテレスによれば、人びとが「幸福な人は友人を必要としない」という誤った見解に陥るのは、彼らが「友愛」によって「有用性」と「快楽」に基づく友愛のみを考えているためである。というのは、彼らは、幸福な人は善きものがすでに備わっているために、「有用な友も、快楽のための友も、どちらも必要とせず、一般に友というものを必要としないと考えるのである」（第九巻第九章、1169b27〜28）。

しかし、「有用性」と「快楽」に基づく友愛ではなく、「善きもの」に関わる友愛を考えるならば、事情はまったく逆であり、幸福な人はまさに友人を必要としていると言える。アリストテレスは、第九巻第九章全体を通して、その理由を示している。

(1)アリストテレスは友愛の必要性を次のように述べている。

幸福な人にあらゆる善きものを分配しながら、外的善のうちでも最大のものと考えられる友を分配しないのは、奇妙なことに思われる。そして、相手からよくされるよりも、相手によくする方がいっそう友にふさわしく、しかも相手によくすることが、善き人と徳に固有の特徴であるとすれば、また見知らぬ人よりも友によくすることの方が美しい（カロン）とすれば、その場合、優れて善き人（スプウダイオス）は、自分のほどこす恩恵を身に受けてくれる人びとを必要とすることになるだろう。（第九巻第九章、1169b8〜13）

(2)次に、アリストテレスは、人間は本性的に「社会的存在（ポリティコン）」であり、「どんな幸福な人も友人を必要とする」ことを指摘する。

あらゆるものを所有して、自分だけで過ごすといった孤独の生活を選ぶような人は、誰もいないはずである。なぜなら、人間は自然本性上ポリスを形成して他者とともに生きる存在だからである。事実、幸福な人にもこの自然本性は備わっている。というのも、幸福な人は自然本性上さまざまな善きものを備えており、彼にとっては見ず知らずの手当たり次第の者たちよりも高潔な善き友とともに過ごすことの方がより善いからである。それゆえ、幸福な人には友人が必要なのである。（第九巻第九章、1169b17~22）（傍点引用者）

(3)また、アリストテレスは、第一巻第七章で「幸福とはある種の活動（エネルゲイア）である」という規定を展開しているが、第九巻第九章 1169b30 以下において、「友人を必要とする」理由を次のように示している。

幸福であることは、状態ではなく、活動であり、またそれ自体が善きものであり、快いものである。それゆえ、自分が存在し、生きて活動することはそれぞれの人にとって望ましいことである。

しかしそれと同時に、第九巻第八章で述べたように、「友とはもう一人の自分」である。

したがって、「友が存在するということも、それぞれの人にとって、自己の存在と同じように、あるいはそれに近い仕方で、望ましいものであることになる」（第九巻第九章、1170b7~8）。それゆえ、「幸福になろうとする人は、優れた善き友人を必要とする、という結論が導かれることになる」（第九巻第九章、1170b18~19）。

この議論の展開の過程において、アリストテレスは「ロゴスをもつ動物である人間が社会的存在である」ことを次のようなかたちで主張している。

> 人は自分の存在とともに、友人の存在もまた知覚しなければならないのであって、このことは「ともに生きる（シュゼーン）」こと、つまり言葉や思考を共有することにおいて実現されうるのである。というのも、「ともに生きる」とは、人間の場合、言葉や思考を共有するという意味で言われるのであって、牛たちが同じ放牧地で草をはむのとはわけが違うのである。（第九巻第九章 1170b10~14）

以上のように、アリストテレスは「友愛が幸福な生の本質的な要因である」ことを示している。

さて、アリストテレスはこの第九巻第九章で、「幸福（エウダイモニア）」をどのように捉えているのであろうか。その点を振り返っておこう。

アリストテレスはまず第九巻第四章、第八章で、「隣人に対する友愛は自己自身に対する友愛に由来する」ことを説明するため、「自己自身に対する友愛」の概念を解明する。そのために「ロゴス（理性）」と「欲求・情念」を区別し、前者による後者の支配において「エーティケー・アレテー（性格の徳）」が成立することを示す。またこのエーティケー・アレテーを通して「真の友愛」を説明し、それに基づいて、第九章では、「友愛が幸福な生の本質的要因である」ことを解明している。

それゆえ、この「（真の）友愛が幸福な生の本質的な要因である」という命題は普遍的に成立すると言えるように思われる。すなわち、アリストテレスはこの議論を通して、「幸福な生」を形成する「友愛」が、またそれを支える「性格の徳（倫理的な徳）」が、「市民社会において政治的生」を生きる人びとだけではなく、観想活動、つまり「哲学的活動の生」を生きる人びとにとっても必要であると考えているように思われる。

この見解を踏まえて、第六章「観想と実践」の議論に移ることにしよう。

第六章　観想と実践

アリストテレスは『ニコマコス倫理学』全体を通して「幸福とは何か」を追求しており、第一巻から第九巻までは、それを「実践活動」を中心に進めているが、最終巻の第一〇巻では、「実践」に対して「観想活動」の幸福を強調する議論を展開している。

アリストテレスは第一巻第二章で、「人間にとって善とは何か」を体系的に追及する実践的学問を「政治学〔ポリティケー〕」と呼んでいる。他方、第一〇巻第七章では、「観想活動」を「知恵を愛する哲学の営み」(1177a25)と名づけているが、これはプラトンの『国家』第六巻に登場する哲人統治者の機能を受け継ぐものと言うことができる(ただし、アリストテレスはプラトンの「善のイデア」を明確に否定している)。

私も以下、アリストテレスに倣って「実践」にかかわる学を「政治学」、実践活動を遂行する者を「政治家」と呼ぶことにする。倫理学はこの実践の学に属する。他方、「観想」にかかわる学を「哲学」、観想活動を遂行する者を「哲学者」と呼ぼう。現代社会では、圧倒的多数の人びとにとっての実践活動は政治活動ではなく、経済活動である。しかし、古代ギリシアにおいて、人びとは経済活動を自由人に相応しい活動であると考えていなかった。そこに現代との大きな相違がある。

さて、「実践」と「観想」の考察を通して、アリストテレスは「幸福な生」をどのように捉えているのであろうか。第一巻と第一〇巻とを比較してみよう。

第一巻第五章では、古代ギリシアで伝統的に捉えられてきた「幸福」として、「享楽の生」、「実践的な徳に基づく生」、「観想活動の生」の三種類の「生」が挙げられているが、しかし、「享楽の生」はいわば「快楽の奴隷」のごとき「家畜の生」として外され、「実践的な徳に基づく生」と「観想活動の生」の二つが「幸福な生」として提示される。

他方、第一〇巻でも、「幸福な生」として、「快楽の生」、「実践的な徳に基づく生」、ならびに「観想活動の生」の三種類が挙げられている。だが、第二章第2節で紹介したように、第一〇巻第五章の「快楽」論は第一巻とは異なり、快楽と活動の密接不可分な関係を指摘し、「快楽はその活動を完全なものにする」と主張して、第一〇巻第七章、第八章の「幸福論」に向けたアリストテレスの能動的な快楽論を提示している。

では第一〇巻では、「実践的な徳に基づく活動」と「観想的な徳に基づく活動」の「二つの生」はどのように捉えられているのだろうか。第一〇巻第七章で、アリストテレスは「幸福が徳に基づく活動であるとすれば、その活動とは、最もすぐれた徳に基づくものであると考えるのが、理に適っている」と述べ（第一〇巻第七章、1177a12~13）、最もすぐれた活動とは知性に基づく観想活動である（1177a19~20）と主張している。

この見解は第一巻から第九巻においては、明確なかたちで主張されていなかったものである。しかしいま、アリストテレスはこの「観想活動の幸福」を「完全な幸福（teleia eudaimonia）」（第一〇巻第七章、1177b24~25）と呼び、他方、「実践的活動の幸福」を「第二義的な幸福（eudaimonia deuterōs）」（第一〇巻第八章、1178a9）と呼んで、両者の価値の違いをはっきりしたかたちで示している。

そこで、多くの研究者は第一〇巻の「観想活動の徳」を主題とする「幸福」の把握と、第一巻の「実践活動の徳」を主題とする「幸福」の把握は対立・緊張関係にあると捉える傾向にある。あるいはまた、第九巻の友愛論が実質上の最終巻であり、そこから共同体論である『政治学』に移行していくと捉えるのが自然であるとする把握もある。すなわち、第一〇巻の観想活動の議論をいわば補論として捉える解釈である。

しかしながら先に紹介したように、第一巻第五章においても「観想活動」は「実践的な徳に基づく活動」とは次元の異なるものとして捉えられていたのであり、この見解は「観想活動の幸福」を「完全な幸福」と呼び、「実践的活動の幸福」を「第二義的な幸福」と捉える第一〇巻の見解と基本的には同じ把握を示していると言える。私は第一巻と第一〇巻の「幸福」の議論を切り離すのではなく、両者を統一的に捉える必要があると考える。

本章の第1節では、まず第一〇巻で問題になる「観想活動」の概念を紹介したい。第2節では、いままで度々問題にしてきた、第一巻第七章の「人間のエルゴンをめぐる議論（エルゴン・アーギュメント）」を取り上げ、この議論においてアリストテレスが「実践活動の徳」のみならず「観想活動の徳」の解明をも目指していることをもう一度確認しておきたい。第3節では、アリストテレスが「実践活動の生」と「観想活動の生」との関係をどのように捉えているかを示し、人間はいかに生きるべきと考えているのかを明らかにしていきたい。

1　観想活動とは何か

序章でも紹介したように、アリストテレスは、『形而上学』第六巻や『ニコマコス倫理学』第六巻において、「人間の知識」の三つの働きの区別を強調している。

①理論的学問（テオーレーティケー）――第一哲学（神学）、数学、自然学
②実践的学問（プラクティケー）――倫理学、政治学
③制作的学問（ポイエーティケー）――各種の制作学、たとえば詩学

理論的学問は「他の仕方ではありえない必然的な事柄」にかかわる。すなわち、数学や形而上学のように永遠不動の事柄を対象とする。他方、実践的学問と制作的学問は「他の仕方でもありうる非必然的な事柄」にかかわるものとされる。すなわち、倫理学（エーティカ）を含む政治学と各種の制作学はこの世界においてわれわれが働きかける蓋然的な事柄を対象とする。

アリストテレスはこの「他の仕方ではありえない」知識と「他の仕方でもありうる」知識の区別を、両者は「種属（ゲノス）的に異なる」（第六巻第一章1139a9）と呼んでおり、三つの知識の区別を最終的に「観想的知識」と「実践的知識」に分けている。

さて、永遠不動の必然的な事柄にかかわる知識である「ソピア（知恵）」を成り立たせている能力が「ヌース（知性）」であり、第一〇巻第七章、第八章では、アリストテレスはこの「ヌース」の働きを通して「観想活動」の特性を説明している。

他方、「性格の徳」は「情念」や「欲求」といった「複合的なもの」にかかわる「人間的な徳」であるが、それに対して「ヌース（知性）」は、そのような「複合的なものから切り離された徳である」（第一〇巻第八章、1178a22）。したがって、アリストテレスにとって、この「ヌース（知性）」は人間の能力というより、まず至福である神々の能力であり、観想活動は何よりも神々の「観想活動」である。

われわれはどのような種類の行為（praxis）を神々に割り当てるべきであろうか。正しい行為だろうか。だが、神々が契約したり、預かったものを返したり、その他こうした種類の事柄を行うというのは、明らかに、馬鹿げているのではないだろうか。それなら、勇敢な行為であろうか。神々は、そうすることが美しいゆえに、恐ろしいことに耐え忍んだり、危険を冒したりするのであろうか。……

こうしてすべてを調べてみると、このような行為にかかわる事柄はすべて些細なものであり、神々にふさわしくないことが明らかになるだろう。

それにもかかわらず、われわれはみな、神々が生きて（zēn）おり、それゆえ、活動している（energein）とみなしている。……そこで、もし生きている神々から、行為すること（prattein）や、さらに作ること（poiein）までも取り去るなら、いったい観想

（theōria）以外の何が残ることになるだろうか。それゆえ、神の活動は、至福の上で比類のない観想活動である、ということになる。（第一〇巻第八章、1178b10~22）

序章第3節で紹介したように、「生きる（zēn）」、「活動する（energein）」といった営みは植物、動物、人間、そして神々に共通するものである。他方、この引用箇所でアリストテレスが強調しているのは、われわれ人間と神々の相違である。オリンポスの神々やユダヤ人の神ヤーヴェとは異なり、アリストテレスの神々は情念をもたず、それゆえ、情念を正しくコントロールする「性格の徳（エーティケー・アレテー）」をもつことはない。すなわち、アリストテレスの神々にとっては、「正しい行為」も「勇気ある行為」もありえず、そもそも、「行為すること」も、「ものを作ること」もせず、したがって、神々は「実践的な徳に基づく活動」を行うことはない。神の活動は至福の上で比類のない観想活動である。

他方、第一巻から第九巻の主題は「人間」であり、アリストテレスは「人間」をまず「欲求」と「情念」をもち、さらに「ロゴス（理性）」をもつ動物として把握する。それゆえ、人間は「性格の徳（エーティケー・アレテー）」と「思慮（プロネーシス）」を遂行することを通して「幸福な生」を目指す存在として捉えられている。

アリストテレスによれば、「政治にかかわる行為および戦争にかかわる行為は美しさと偉大さの点で立ちまさってはいても、しかしそれらの行為は暇のないものであり、何か別の目的を目指していて」（第一〇巻第七章、1177b16~18）、当の行為自体のゆえに選ばれない場合が多い（もちろん、性格の徳の行為はそれ自体のゆえに選ばれるが）。

それに対して、神々の行為をモデルとする「観想的活動」は「それ自身以外のいかなる目的も目指さず、それ自身に固有な快楽をもっていると考えられ、……人間に可能なかぎりの自足性（autarkes）、ゆとり（sxolastikon）、疲れのなさ（atruton）、その他至福な人にあてがわれるかぎりの特性」（第一〇巻第七章、1177b18~23）をもっている。そこで、アリストテレスは次のように語っている。

こうした（観想活動の）生は、しかし、人間の次元を超えたものであるかもしれない。というのも、そのような生き方ができるのは、彼が人間としてではなく、彼のうちに何か神的なものが備わっているからである。……

だがわれわれは、「人間である以上、人間のことを考えよ」とか、「死すべき者である以上、死すべき者のことを考えよ」と忠告する人びとに従うべきではなく、むしろできるかぎり自分を不死なものにすべきであり、自分自身のうちにあるもののなかでも最も優れたものに従って生きるため、全力を尽くすべきである。……

したがって、人間にとってもまた、知性に基づく生き方が、何よりも知性こそ人間自身にほかならない以上、最も善くかつ最も快い生き方なのである。それゆえ、知性に基づく生き方が、最も幸福な生き方なのである。（第一〇巻第七章、1177b26~1178a8）（傍点引用者）

この印象深い箇所で、アリストテレスは「知性こそ人間自身にほかならない以上」という表現を通して、「人間＝知性（ヌース）」という把握を示している。しかし同時に、第一巻から第九巻において、人間を「情念や欲求をもつ複合的存在」として捉え、「実践的な徳に基づく活動」の重要性を主張しているのであり、その点は第一〇巻においても明確に維持されている（第一〇巻第八章、1178a9~22）。このように、アリストテレスはアンビバレントな人間の状態を表現するとともに、しかし、人間は「できるかぎり自分を不死なものにすべきである」という理念を示していると言える。

なお、『ニコマコス倫理学』のテキストでは伝統に従って「神々」という複数形が使われているが、多くの研究者が指摘するように、アリストテレスは「神は唯一である」と考えていたことをここで指摘しておきたい。

2　エルゴン・アーギュメント――「実践的な徳」と「観想的な徳」の解明

⑴エルゴン・アーギュメントの射程

アリストテレスは「エルゴン・アーギュメント」を通して「幸福とは徳に基づく魂の理性的活動である」（1098a16~17）というテーゼを導いてくるが、この「徳に基づく魂の理性的活動」には「実践活動の徳」だけではなく、「観想活動の徳」も含まれていると私は解釈してきた。本章の主題である「観想と実践」を解明するためにも、以下で、この私の解釈に根拠を与えておきたい。

アリストテレスは、第一巻第一三章の冒頭で「幸福とは完全な徳に基づく、魂のある種の活動である以上、われわれは次に徳について考察しなければならないだろう」（1102a5~6）と述べ、この第一三章の最後の部分で、彼が行う第二巻からの「徳の考察」の概略を示している。

われわれは徳を「思考に関するもの」と「性格に関するもの」に分け、「知恵」、「理解力」、「思慮」を「思考の徳（ディアノエーティケー・アレテー）」と呼び、他方「気前の

よさ」、「節制」を「性格の徳（エーティケー・アレーテー）」と呼んでいる。（第一巻第一三章、1103a4~7）

アリストテレスは第二巻から第五巻までは、「性格の徳（エーティケー・アレーテー）」の考察を行っているが、本書第二章で示したように、第二巻第六章で、「性格の徳」を「中庸」と捉え、この「中庸」を「思慮ある人が中庸を規定するロゴス（道理）によって定められるもの」として捉えている。それゆえ、「中庸」を規定するためには、第六巻の「思考の徳（ディアノエーティケー・アレテー）」の考察、とりわけ、「思慮（プロネーシス）」の概念の解明が必要になってくる。

ここで強調したいのは、第六巻において「思考の徳」を考察するにあたって、アリストテレスが「広い意味でのヌース（知性）」という概念を出発点においているということである。この「ヌース」は第一巻で「人間のエルゴン」を規定する場合に使われる「ロゴス（理性）」と同じ意味をもつ概念であると私は解釈する。この広義の「ヌース（知性）」は単に「理論的な知」だけではなく、「実践的な知」としても使われている（1139a18）。その後の第六巻第三章以下では、「ヌース」は観想にかかわる狭義の「ヌース」として規定され、第七章では、「ソピア（知恵）」と結びつき「最も貴重な諸存在」を対象とする「知」として、つまり観想活動を遂行する「知」として捉えられている。

他方、行為にかかわる「知」は第六巻第五章以下で、「思慮（プロネーシス）」として規定され、「性格の徳」との関係がくわしく説明されている。それゆえ、広い意味での「ヌース（知性）」が、観想にかかわる狭義の「ヌース」と行為にかかわる「思慮（プロネーシス）」に分かれていったと見ることができる。したがって、「人間のエルゴン（機能）」を説明する「エルゴン・アーギュメント」は第一巻第七章の中だけで完結するのではなく、「幸福とは徳に基づく魂の理性的活動である」というテーゼは、第一巻第一三章や第二巻第六章、そしてとりわけ第六巻の考察を通して、第一〇巻第七章、第八章の「観想的な徳」の考察に繫がっていると言うことができるのである。

(2)人間の「固有の機能」と神々の「働き」

ここで、以上の解釈に対する反論を取り上げ、それを通してわれわれの解釈をより明確なものにしておきたい。第一巻と第一〇巻を対立するものと捉える立場の人びとは、第一巻第七章の「エルゴン・アーギュメント」は「実践活動」を対象にしたものであり、「観想活動」を含むものではないと主張する。彼らの理由は「観想活動は典型的には神のエルゴンであり、人間はそれにあやかるものであって、人間固有のエルゴンではない」ということにある。

しかし、これははたして「エルゴン・アーギュメント」の正しい解釈であろうか。度々引用することになるが、「人間の機能（エルゴン）」を規定する文章を取り出しておこう。

生きていることは植物にも共通することが明らかである。しかし、われわれが求めているのは人間に固有の機能である。それゆえ、栄養的生や成長にかかわる生は除外されねばならない。次に来るのは感覚的な生ということになるが、これもまた馬や牛、その他すべての動物と共通の生である。すると残るのは、人間において「ロゴス（理性）」をそなえている部分によるある種の行為的生ということになる。（第一巻第七章、1097b33〜1098a4）

アリストテレスはこの文脈において、「植物、動物、人間からなる集合」を考えているのであり、われわれ人間の「固有の機能」という場合、植物や動物からわれわれを区別する機能を指しており、それゆえ、人間の機能を「ロゴス（理性）に即した魂の活動」、さらには「徳に基づく魂の理性的活動」と規定したのである。

しかしそれに対して、「人間に固有の機能」を捉える場合、どうして人間と神々の間の相違を問題にしないのかと反論されるかもしれない。だが、アリストテレスがわれわれ人間を植物や動物から区別し、人間と神々とを区別しないのは、人間と神々が「ロゴス（理性）の能力」、「ヌース（知性）の能力」を共有しているということにある（ただ、その能力のあり方には大きな相違があるが）。

人間と神々は「ヌース（知性）の能力」を共有している。これが『ニコマコス倫理学』において「人間」を捉え、人間を神々と結びつける太い線である。しかし、人間は身体をもち、情念と欲求をもつ存在であって、純粋なかたちで「ヌース」の生を生きる神々と異なっている。すなわち人間にとって、善き生（エウダイモニア）のためには実践的な徳が不可欠である。そして次節で指摘するように、アリストテレスは人間が観想活動の生を送るためにも、実践的な徳、つまり性格の徳と思慮が不可欠であると考えている。それゆえ、人間にとっては「観想活動の生」と「実践活動の生」は緊密に結びついていると言えるのである。

3　「観想活動の生」と「実践活動の生」の関係

⑴「幸福とは徳に基づく魂の理性的活動である」というテーゼの意味

私は「幸福（エウダイモニア）」についての普遍主義的解釈に対して、「エウダイモニア」とは「エネルゲイア（現実態）」であり、「状態」ではなく「活動」であることを強調してきた。「幸福（エウダイモニア）」とは「エウダイモネイン」という動詞形をもち、具体的な文脈において、「よく為している（eu prattein）」、「よく生きている（eu zēn）」というかたちの活動に基づいている。すなわち、特定の状況における幸福は、ある特定の徳に基づく魂の活動と同一なのである。

ところで、第一章第3節で取り上げた幸福の「包括的解釈」は、「幸福」とは「それ自身のために追求されるすべての善（テニスをする、音楽を鑑賞する、隣人を助ける、その他、徳に基づく諸々の活動）」を含むものであり、そこに何ら「加算する必要はない」という「自足性」の意味が含まれていると主張する。

しかし、私は、「幸福」の「自足性」は幸福の「包括的解釈」によってではなく、むしろ「幸福」が具体的文脈における特定の具体的活動において成立することに基づくと考える。以下に、第一巻第七章の「幸福とは徳に基づく魂の理性的活動である」というテーゼの意味をまとめ直してみるが、私の考え方はこのテーゼの意味のうちに含まれていると考える。

①アリストテレスによれば、われわれの生を善く導くには、われわれは一連の本質的に善きものの集合以上のものを必要とする。すなわち、われわれは、遭遇する具体的な文脈において、本質的に善きもののうちどれが最も価値があり、そのおのおのをどのように追及すべきかを決定しなければならない。

②そこで、アリストテレスは人間の諸目的を階層のうちに位置づけ、（実践的な徳であれ、観想的な徳であれ）「徳ある活動」を最上位に位置づけている。幸福とは他の善きもののすべてがそれを目指すところの目的であり、幸福はただ「徳ある活動」からなるのである。したがって、「包括的解釈」が述べるように、幸福は「名誉、快、健康といったものを含む本質的な善きものからなる集合体」ではない。

③幸福はただ「徳ある活動」だけに基づくのであるから、われわれが本質的に善きものをどれくらい所有しているか、その量によって幸福が左右されるわけではない。まず、第一〇巻で主張される「完全な幸福」は観想活動にのみ基づくのであり、したがって、この観想活動に上限といったものはない。

④次に、性格の徳（エーティケー・アレテー）に基づく活動について言えば、性格の徳はそれに従属する善きものに対する支配力をもっている。たとえば、われわれが二つの政治的な生を比較し、その一方が他方よりもより高い倫理的価値をもっていると判断

する場合、われわれは直ちに、そのより高い倫理的な生がより幸福であると判断する。より劣った倫理的な生がより多くの善きもの（より多くの身体的な快楽、より大きな権力）をもっていたとしても、その事実はわれわれの比較判断を左右することはない。というのは、幸福とはこのようなより低次の善きものからなるのではないからである。

「幸福とは徳に基づく魂の理性的活動である」というテーゼの以上のような整理は、R・クラウト（Kraut）がその著 *Aristotle on the Human Good*[1] において述べている見解とほぼ一致する。以下本項の⑵と⑶についても、私がクラウトの著書から学んだ論点を取り込み、本書で展開してきた『ニコマコス倫理学』の全体像と結びつけて論じていきたい。

⑵ 「幸福」についての統一的解釈

それでは、『ニコマコス倫理学』の「幸福」論を、全体としてどのように捉えればよいのであろうか。本章のはじめに述べたように、アリストテレスは「幸福とは何か」という問いに対して二つの答えを与えている。

そのより優れた答えは、「幸福とは観想的な徳に基づく魂の理性的活動であり、その他の善（性格の徳を含む）はこの観想活動のために望ましいものである」というものである。

それに対して、次善の答えは、「幸福とは性格の徳（エーティケー・アレテー）に基づく魂の理性的活動、つまり、勇気、正義、温厚、等々といった徳の実践にある」というものである。「最善の生」におけるいずれの善も観想のために望ましいものであるように、「次善の生」におけるいずれの善も性格の徳（エーティケー・アレテー）に従う行為のために望ましいものである。

このわれわれの解釈の重要なポイントは「人間の生（活）のいずれの善（善きもの）もその頂点に一つの最高目的（観想的な徳の遂行、性格的な徳の遂行）をもつ階層のうちに位置づけられる」ということにある。

この階層の最低の層（図3のX、Y、Zに当たるもの）は、それ自身が善ではないが、それは別の善きものへと導く役割を果たす上で望ましいもの（たとえば、富、友人、権力）を含んでいる。この最低層の上に、図3のM、Nに当たるもの、すなわち、幸福と同一視はできないが、それ自身望ましいもの（たとえば、名誉、快）を位置づける。そして、それよりさらに高い層（図3のBに当たるもの、たとえば、勇気、正義）に、幸福と同一視される本質的に望ましい目的、つまり徳の活動を位置づける。

より低い層における「善きもの」はより高い層における「善きもの」のために価値あるものであり、アリストテレスは「或る善きものは別の善きもののために望ましい」という

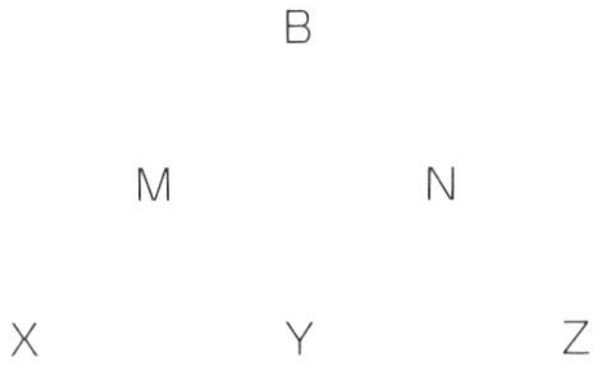

図3

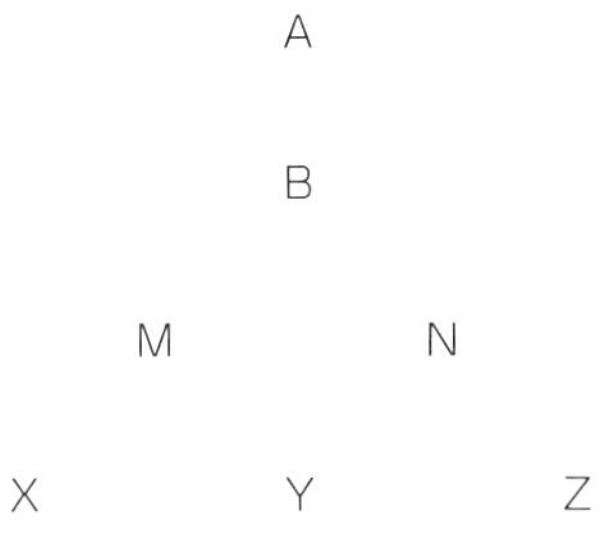

図4

＊Bは性格の徳に基づく活動、MとNはそれ自身で望ましい他の善、X、Y、Zは条件的に望ましい善を示す。

事実から、「後者は前者よりもより望ましい」という帰結を導いている（第一巻第一章、1094a14~16）。

その結果、この価値尺度の最上位の善（善きもの）はこの階層のなかで最高の善であることになる。「政治家の生活」は図3のように表すことができる。「哲学者の生活」は図3のBの上に、観想を表すもう一つの善Aを載せて図4のように表現できる。この解釈に従えば、哲学的生は性格の徳（エーティケー・アレテー）をもち、観想活動の徳を遂行する人の生である。

われわれは観想者（哲学者）になるか、政治家になるか決断しなければならないが、いずれを選択するにせよ、必要となる重要な善きものがある。それはすなわち、正義、勇気、思慮、等々の徳である。これらの徳は、二つの生、つまり「観想活動の生」にとっては必要条件であり、「実践活動の生」にとってはその目的である。

ところで、先にわれわれは包括的目的を幸福と解釈する「包括的解釈」を退けたが、それに対して、第一章第3節で紹介したように、「支配的解釈」は観想活動を究極の目的として捉え、実践活動の徳をはじめその他の善はすべて、この観想活動と「目的—手段」の関係にあると捉える解釈である。たしかに、上で述べたように、アリストテレスは観想活動の徳が成立するためには実践活動の徳が成立していなければならないと考えている。しかし、実践活動の生は観想活動の生とは独立の原理に基づいているのであり、両者は「目的—手段」の関係にあるわけではない。それゆえ、われわれは支配的解釈も退ける。

(3)「いかなる生が価値ある生か」は「私はいかに生きるべきか」を規定しない

アリストテレスは実践活動の生（政治活動の生）と観想活動の生（哲学活動の生）に関して、以上紹介してきたように、観想活動の生は実践活動の生より、より優れた生であることを明らかにした。

しかし、アリストテレスはこの『ニコマコス倫理学』の講義を通して、聴講生に対して「観想活動の生を選ばなければならない」と主張してはいないように思われる。というのは、われわれが、第五章「友愛について」において紹介し、そこで強調したように、第九巻第八章で、アリストテレスは次のように語っているからである。

優れて善き人（スプウダイオス）に関して言えば、彼が友人や祖国のために多くの貢献を行い、必要な場合には、友人や祖国のために死さえ辞さないというのは真実である。なぜなら、優れて善き人はお金や名誉や、その他一般に争いの的となるもろもろの善きものを投げ出し、自分自身に美しい（カロン）ものを確保しようとするからである。（第九巻第八章、1169a18〜22）

ここで、アリストテレスは「行為者は最終的に、自己の為そうとする行為をカロン（美しい、立派な）と認めるから行為するのだ」と語り、「カロン（美しい、立派な）」を行為の最終的な価値基準として捉えているが、その際、「優れて善き人は友人や祖国のために多くの貢献を行い、必要な場合には、死さえ辞さない」と述べている。したがって、アリストテレスは「各人は自分のために最大限の善きものを増進するよう努めなければならない」といった立場を取ってはいない。

クラウトは、この問題に関して次のような事例を挙げているが、私はクラウトの見解に賛同する。

ギリシアのある小国の王がアリストテレスの下で政治学を学ぶために息子をアテナイに派遣する。息子は父親の地位を継承することになっており、彼をアテナイに遊学させたのは、アリストテレスの政治学の講義を聴講し、他の都市国家の政体を学ぶことによって、より賢明な統治ができるようになるだろうと期待してのことであった。

その息子は、アリストテレスが観想的生を推奨しているのを聴講し、自分が運命づけられている政治的生はアテナイに留まり残りの人生を哲学研究に捧げた場合と比較して、望ましい生ではないと考える。祖国に帰るならば、政治の仕事に忙殺され、理論的な学門研究の時間は取れないであろう。しかし、彼は、幼児期以来準備されてきた政治的生を送ることが、父である王と祖国のために課せられた自分の役割であると考えている。もし自分が哲学者になればより善い人生を送れるであろうが、その場合、自分と特別の繋がりのある人びとはよりきびしい状態に陥ることになる。そこで、彼は故郷に帰り、——最善ではないが——善き生を送ることになる。(2)

このように、アリストテレスは「ある状況において、人は自分自身にとって最善の幸福を得られなくとも、他人の幸福のために行為すべきである」という余地を認めている。それはすぐ前で引用した、第九巻第八章の言葉（1169a18~22）から明らかなように思われる。

注

序章

（1）アリストテレスの生涯については、アリストテレス『ニコマコス倫理学』（朴一功訳、京都大学学術出版会）の朴一功の解説四九九頁～五四〇頁を参照。

（2）この点については E. R. Dodds, *Plato Gorgias*, Oxford, 1959, "Appendix: Socrates, Callicles, and Nietzsche," pp. 386-391 を参照。

（3）このヒュームの見解については D. Wiggins, "Natural and Artificial Virtues: A Vindication of Hume's Scheme," in *How should one live?* ed. by Roger Crisp, Oxford, 1996 を参照。

（4）L. Wittgenstein, *Philosophische Untersuchungen*, 1953.『哲学探究』藤本隆志訳、一二五節。

（5）『ニコマコス倫理学』の根本的特徴を「エンドクサ（ta endoxa）」と捉える研究として岩田靖夫『アリストテレスの倫理思想』（岩波書店）がある。

第一章

（1）M. T. Cicero, Tusculanarum Disputationum, v. 3, The Loeb Classical Library, pp. 431-432.

（2）W. F. R. Hardie, "The Final Good in Aristotle's Ethics," *Philosophy* 40, 1965, pp. 277-295を参照。

（3）『アリストテレス全集15　ニコマコス倫理学』（岩波書店）の神崎繁『ニコマコス倫理学』解説四六二頁。

（4）J. L. Ackrill, 1974, "Aristotle on *Eudaimonia*" in *Essays on Aristotle's Ethics*, ed. by A. O. Rorty, 1980が代表的な包括的解釈である。

（5）「人間にとっての善」と「人間としての善」という表現は『アリストテレス全集15　ニコマコス倫理学』（岩波書店）の神崎繁の解説（四五五～四六一頁）で示された区別を借用した。

（6）D. Bostock, *Aristotle's Ethics*, Oxford, 2000, chap. 1を参照。

（7）第六章第3節で述べるように、私は「実践活動の徳」も「観想活動の徳」もそれぞれその徳を頂点としたヒエラルキーを形成すると考えている。

第二章

（1）本章第1節と第2節での議論については、M. Burnyeat, "Aristotle on learning to be good," in *Essays on Aristotle's Ethics*, ed. by A. Rorty, 1980, University of California Press（神崎繁訳「アリストテレスと善き人への学び」、井上忠・山本巍編『ギリシア哲学の最前線Ⅱ』東京大学出版会）に負うところが多い。

第三章

（1）「ノイラートの船」の比喩を内在主義と結びつける見解については、J. McDowell の論文 "Some Issues in Aristotle's Moral Psychology" と "Two Sorts of Naturalism" を参照。ともに彼の論文集 *Mind, Value and Reality*, Harvard University Press, 1998 に収められている。後者の論文の邦訳（佐々木拓訳）は『徳と理性——マクダウェル倫理学論文集』（勁草書房）所収。

（2）「ノイラートの船」の概念内容については、野家啓一（『岩波哲学・思想辞典』1998）と S. Blackburn（*The Oxford Dictionary of Philosophy*, 1994）の説明を参照。

（3）内在主義をとる代表的論者は、注1でも言及したジョン・マクダウェルである。『ニコマコス倫理学』についてのマクダウェルの内在主義的解釈を検討したものとして、中畑正志「アリストテレスの言い分——倫理的な知のあり方をめぐって」『古代哲学研究（METHODOS）』2010 がある。また荻原理「中畑のマクダウェル理解について」『古代哲学研究（METHODOS）』2011 も参照されたい。

（4）この区別を提示した重要な論文は、D. J. Allan, "The Practical Syllogism," in *Autour d'Aristote* (Presses Universitaires de Louvain, 1955) である。

（5）I. Kant, Grundlegung zur Metaphysik der Sitten, 1785, AK. IV, S. 393.

（6）ibid., S. 412.

（7）ibid., S. 421.

（8）この事例は、J. McDowell, "Virtue and Reason" in his *Mind, Value and Reality*, 1998, p. 67（荻原理訳「徳と理性」、『徳と理性』二七頁）に挙げられている事例を拡大したものである。

（9）この論点は D. Wiggins, "Deliberation and Practical Reason," in his *Needs, Values, Truth*, pp. 233-37 の主張を要約したものである。本項（第三章第1節(3)）における私の解釈はウィギンズのこの論文に

負っている。

（10）G. E. M. Anscombe, *Intention*, 1957（邦訳『インテンション――実践知の考察』菅豊彦訳、産業図書）の第四二節を参照。マクダウェルも先述した "Virtue and Reason"（「徳と理性」）の注22において、実践的理由（reason）と実践的推論（reasoning）を区別し、「私はアリストテレスによる思案の議論を、行為の理由――行為者がそれをあらかじめはっきりと考えていたとは限らない――を再構成しようとしたものと考える」と述べている。

（11）アンスコムは『インテンション』第四二節で、そのように述べているが、先のマクダウェルの見解もアンスコムと同様のものと解することができる。

第四章

（1）『アリストテレス全集15　ニコマコス倫理学』（岩波書店）の神崎繁の補注B、四四九頁に示された図表を参考にした。

（2）「アクラシア」問題について、私は次の著作、論文を参考にした。田中享英「ソクラテスと意志の弱さ(一)」『北海道大学文学部紀要』30（2）、一九八二、加藤信朗「行為の根拠について（Iのi）」『人文学報』161、一九八三、高橋久一郎『アリストテレス――何が人間の行為を説明するのか？』日本放送出版協会、二〇〇五、坂下浩司「アクラシアー論――アリストテレスの立場から」内山勝利・中畑正志編『イリソスのほとり――藤澤令夫先生献呈論文集』世界思想社、二〇〇五。

（3）マクダウェルの論文 "Some Issues in Aristotle's Moral Psychology," p. 46, in his *Mind, Value, and Reality*, Harvard University Press, 1998 を参照。

（4）「沈黙させる（silencing）」という表現はマクダウェルの用語である。マクダウェルの論文集 *Mind,*

Value, and Reality, Harvard University Press, 1998 に収められている以下の3本の論文を参照。“The Role of Eudaimonia in Aristotle's Ethics” p. 18, “Virtue and Reason” p. 56（荻原理訳「徳と理性」、『徳と理性――マクダウェル倫理学論文集』勁草書房、九頁）、“Are Moral Requirements Hypothetical Imperatives?” pp. 90-93（村上友一訳「道徳の要請は仮言命法なのか」、『徳と理性』六六～七〇頁）。

第五章

（1）友愛論のくわしい考察については、渡辺邦夫『アリストテレス哲学における人間理解の研究』の第二章、第三章を参照。

第六章

（1）R. Kraut, *Aristotle on the Human Good*, Princeton University Press, 1989 の序論、第一章、第三章、第四章、等を参照。

（2）ibid., p. 10.

あとがき

私は「『メノン』における想起説」という論文を書いて大学を卒業したが、やがてギリシア哲学から落ちこぼれてしまった。しかし、私のなかにプラトンやアリストテレスに対するなにか憧れのようなものが存在しているのであろうか。その後、翻訳した一冊がG・E・M・アンスコムの『インテンション』（産業図書）であり、もう一冊が、友人と訳したI・マードックの『善の至高性』（九州大学出版会）である。現在でもこの二冊は私をプラトンとアリストテレスへとつなぐ架け橋になっている。

アンスコムとマードックの視点からすれば、本書で強調した、プラトンの「善のイデア」とアリストテレスの「エンドクサ」のあいだの距離は（カントや功利主義の思想と比べるならば）、そう大きなものではないかもしれない。プラトンは「善のイデア」がこの世界にないことを語り、倫理的現実を捉えることの極度のむずかしさを示しているが、アリストテレスも「倫理的真理」の把握はきわめて困難であり、普遍的原理や規則を適用することによって片が付く問題ではないことを強調する。そのためには幼児期からの訓練、すなわち母語を習得する場合のように、伝統的に受け継がれてきた徳の習得が不可欠である。J・マクダウェルは、『ニコマコス倫理学』についての諸論文で、「人はいかに生きるべきか」の見解は「コード化不可能である」ことを強調する。私は本書において、このマクダウェルの指摘に従っている。

一〇年前、勁草書房から『道徳的実在論の擁護』を出していただいた。その「あとがき」に、私は今後アリストテレスの倫理学を勉強していきたいと書いたが、「六〇の手習い」ではじめた『ニコマコス倫理学』の読解作業は難航した。ただ、幸いなことに、福岡には松永雄二先生を囲む「古代哲学研究会」が二〇年以上も（途中、短い中断はあったが）続いており、この会を通して私は自己の仕事をなんとか進めていくことができた。

現在、岡部勉、長友敬一、小林信行氏によって年二回企画され、毎回、一五、六名が集まってくる。私はこの研究会に出ることが楽しみであり欠かさず出席し、私自身も発表してきた。本書の第三章「性格の徳と思慮との関係」、第六章「観想と実践」はその発表を書き直したものである。

この会の新島龍美、吉良ゆかり、酒井健太朗、山口誠氏には、私の原稿を読み、問題点を指摘していただいた。改めることができた部分もあるが、残された点も多い。四氏に心からお礼を申し上げたい。

二〇一五年一一月

菅　豊彦

人名索引

あ 行

アクリル　Ackrill, J. L.　170
アナクシメネス　Anaximenes　26
アラン　Allan, D. J.　171
アンスコム　Anscombe, G. E. M.　172
イエス・キリスト　Jesus Christus　xi, 132
岩田靖夫　169
ウィギンズ　Wiggins, D.　169, 171
ウィトゲンシュタイン　Wittgenstein, L.　19, 20, 169
荻原理　171

か 行

加藤信朗　172
神崎繁　xiv, 170, 172
カント　Kant, I.　iv–v, vii–viii, xi, 17, 22, 40, 75, 84–85, 91–96, 98, 126, 132, 171
キケロ　Cicero, M. T.　43, 170
クラウト　Kraut, R.　163, 167, 173
ゴルギアス　Gorgias　6, 13

さ 行

坂下浩司　172
ソクラテス　Socrates　ii, iv, viii–ix, 1, 3–4, 6–7, 10–12, 14–18, 24, 27–29, 37, 40, 44–45, 56–57, 64, 66, 78, 105–107, 109–110
ソロン　Solon　2–3, 6, 17

た 行

高橋久一郎　172
田中享英　172
タレス　Thales　26
デカルト　Descartes, R.　84
デモクリトス　Democritos　26
トゥキュディデス　Thucidides　3–6, 9

な 行

中畑正志　171
ニーチェ　Nietzsche, F. W.　6
ノイラート　Neurath, O.　83
野家啓一　171

は 行

パウロ　Paulos　110
朴一功　xiv, 169
ハーディ　Hardie, W. F. R.　170
バーニェト　Burnyeat, M.　170
パルメニデス　Parmenides　27
ヒューム　Hume, D.　18, 121, 169

ブッセ　Busse, C.　41
ブラックバーン　Blackburn, S.　171
プラトン　Platon　i–iii, 1, 6, 8, 10, 13, 16, 18, 26, 29–31, 35, 40, 43, 56, 63–64, 70, 83, 147
プロタゴラス　Protagoras　13–15
プロディコス　Prodicos　13
ペリクレス　Perikles　3–4
ボストック　Bostock, D.　170
ホッブズ　Hobbes, T.　9

ま　行

マクダウェル　McDowell, J.　171, 172
モーセ　Mose　67

ら　行

ロック　Locke, J.　19–20

わ　行

渡辺邦夫　173

事項索引

あ　行

か　行

さ　行

た　行

な　行

は　行

ま　行

や　行

ら　行

『ニコマコス倫理学』出典索引

＊Ｉ～Ｘまでのローマ数字は原典の巻数を、左端の算用数字は章番号を示している。「1094a1~2」といった表記の見方については巻頭の凡例を参照。

著者略歴
1941 年　愛媛県に生まれる
1968 年　九州大学大学院文学研究科哲学専攻博士課程中退
現　在　九州大学名誉教授
著　書　『実践的知識の構造』（勁草書房）
『心を世界に繋ぎとめる』（勁草書房）
『道徳的実在論の擁護』（勁草書房）ほか
訳　書　アンスコム『インテンション』（産業図書）ほか

アリストテレス『ニコマコス倫理学』を読む
幸福とは何か

2016 年 2 月 15 日　第 1 版第 1 刷発行
2017 年 8 月 20 日　第 1 版第 2 刷発行

著 者　菅《かん》　豊《とよ》彦《ひこ》

発行者　井 村 寿 人

発行所　株式会社　勁《けい》草《そう》書房

112-0005 東京都文京区水道 2-1-1　振替 00150-2-175253
（編集）電話 03-3815-5277／FAX03-3814-6968
（営業）電話 03-3814-6861／FAX03-3814-6854
日本フィニッシュ・松岳社

ISBN978-4-326-15437-1　　Printed in Japan

菅　豊彦　道徳的実在論の擁護　四六判　二八〇〇円

菅　豊彦　心を世界に繋ぎとめる　言語・志向性・行為　四六判　二七〇〇円

J・マクダウェル　徳と理性　マクダウェル倫理学論文集　大庭健監訳　三三〇〇円

D・ウィギンズ　ニーズ・価値・真理　ウィギンズ倫理学論文集　大庭・奥田監訳　三七〇〇円

加藤尚武
児玉　聡　編・監訳　徳倫理学基本論文集　A5判　三八〇〇円
〔フット、ストッカー、ウルフ、ヌスバウム、アナス、クリスプ、ハーストハウス、ジョンソン、ワルシュ〕

P・グライス　理性と価値　後期グライス形而上学論集　岡部勉編訳　四六〇〇〇円

J・マクダウェル　心と世界　神崎・河田他訳　四一〇〇円

＊表示価格は二〇一七年八月現在。消費税は含まれておりません。